# 超圖解

# 談判學
## 掌握運籌帷幄的關鍵

鍾從定 著

人人都想學的溝通力，爭取最多機會！

五南圖書出版公司 印行

# 作者序言

　　現在是你投資能力的時候了！本書是給想要增進改善自我談判能力的朋友。討論談判的書很多，可說是「汗牛充棟」，但為什麼是這本書呢？有句美國前總統甘迺迪（John Kennedy）在 1961 年就職演說中提出的名言：「我們絕不在恐懼中談判，但我們也絕不恐懼進行談判。」「Let us never negotiate out of fear，but let us never fear to negotiate.」這句 50 年前所說的話，在現今更顯其真知灼見。在面對這極大紛擾衝突的時刻，國家、組織、個人更需要溝通、合作、談判，透過合作，解決問題，決定資源的配置。因為在競爭激烈的全球化年代，「合作就是力量」，仍是不變的法則。談判猶如競合的棋局，掌握運籌帷幄的致勝關鍵，就能完整布局，爭取更多機會！

　　「經典無須改變，只求更上層樓。」談判是個研究已久的討論，如何用談判思維說服金主買單、與供應商議價、與客戶簽訂合約、與合作夥伴分工？面對險境出奇制勝？談判也許對每個人都有自我經驗的議題，《超圖解談判學》一書，將談判的內容更加生動活潑的呈現，近一步探索管理衝突的能量。人類的生命有不同階段的進化，談判的學習與對話也是如此。如何豐富讀者的個人知識與智慧，提升決策能力與衝突管理技巧，此乃本書希望能使閱讀者能淬煉出更上層樓如「上善若水」的行動力。經驗告訴我們，所有成功的人，都是擅於談判溝通的人。從優秀到傑出經理人的區別，就在於談判溝通的能力。我們深信談判溝通能力是個人的重要生存技能，談判溝通能力也是公司組織的重要基礎建設（infrastructure）。所以來吧！訂下你的學習目標，改善你成功談判的能力，奠定你有效能的談判基礎。

　　以圖解的方式來闡述談判，是幫助讀者更容易學習、更容易掌握重點。這本書沒有五南圖書公司家嵐主編的鼓勵及編輯部同仁的投入，是很難完成的。非常謝謝他們，也是我們在疫情期間共同的成果。

鍾從定

2021 年 05 月

# 簡要目錄

# 目錄

# Chapter 1

## 談判的迷思

談判是我們每個人、每時每刻都要面對的問題。生活中幾乎每一個領域、每一個時刻，只要你處於與他人溝通的過程中，就是處在談判情境中。在談判中如何分析情境，運用資訊，智慧的處理與增進短期和長期的利益，是有其方法和技巧的，這些方法和技巧需要透過學習來達成。然而，大部分的人在學習談判前，把談判建構在幾項錯誤的假設與迷思上。這些迷思會傷害到我們學習成為有效談判者的能力。這些迷思可歸類成以下六種。

## 迷思一：好的談判者都是天生的

「優秀的談判者是否是天生的，還是後天訓練出來的」？大部分優秀的談判者都是自我渾然天成的，而不是經由學習可建立的，這種不正確的說法，如同談判能力是固定的，對照相信談判能力是能被改變與改善的。事實上，天賦異稟的談判者少之又少。好的談判者都是天生的迷思，讓大部分的我們坐失在有計畫的訓練發展下，培養有效談判技能的機會。我們相信談判能力可藉由經驗與練習獲得提升改善要比相信談判技能是不能傳授的，更能達成「雙贏」的協議；如同將談判視為挑戰的人要比將談判視為威脅的人，更能獲得高品質的交易。

**圖 1-1 思考不同意見，會讓決策品質更佳**

圖 1-2　溝通交流才能體會彼此的想法

## 迷思二：談判是在固定的大餅上做分配

　　最常見的迷思是大部分的談判都在固定的大餅（fixed-sum）上做分配，對某方有利的，必對另一方不利，假定自己的利益一定和對方的利益互相衝突。但事實上，大部分的談判不是在固定的大餅上做分配，而是創造可變的大餅（variable-sum），意味著如果談判參與者一起共同努力，所得到創造出的收穫，一定比單方的努力多更多。當然一位有效的談判者也知道他們不可能天真的信任對方，因為任何所創造出來的價值，最後必須由在談判桌上的某一方獲得。所以談判應是多重動機（mixed-motive），有競爭也有合作。

## 迷思三：談判者的選擇不是強硬就是軟弱

　　固定大餅的迷思，也造成談判者產生短視的策略選擇。大部分的談判者相信在談判時必須在強硬或在退讓軟弱兩者間做選擇。此種思考不正確。一位真正有效的談判者，既不是如指甲般的強硬，也不是如布丁一樣的軟弱，而是位具原則性的談判者。有效的談判者對談判抱持開放的態度，認識到在運用自我的權力與動能時，要能達到自我談判目標，必須要能有效與對方工作在一起。

## 迷思四：經驗是最好的老師

　　然而沒經驗的談判新手很少能大幅有效的改進其談判技巧，因為心理學家告訴我們，要從經驗中學習，有兩個要素不可或缺：「頻繁練習」與「及時回饋」。當這兩個條件存在時，無論學騎腳踏車或學開車，即使過程中可能發生

一些事故，我們總是能夠學會。因此如在：1. 缺乏回饋；2. 選擇性記憶下，經驗只能提升自信，經驗不一定是最好的老師。我們深信有效的談判技巧來自於具指導性的經驗，經驗是可以提供幫助，但不具充分效果。

## 迷思五：好的談判者願意冒風險

一種普遍的迷思是有效的談判者願冒風險與打賭。在談判中，這種方式意味「這是我最後的價格（底線）」，或是「接受或不接受」。強硬的談判者使用威脅和虛張聲勢，卻很少有效。好的談判者會評估風險，在面對不確定時，決定在適當的時機提出最後的提議，並作出卓越的決定。

## 迷思六：好的談判者依賴直覺

很多談判者相信他們的談判依賴直覺或直觀，但我們認為直覺具有風險。有效的談判者應採取系統性精細的思考和準備，能瞭解自我的優點與缺點。好的談判者發展主動性策略，而不是回應式策略。所以優秀的談判者不會依賴直覺，而是位精心的規劃者。

**圖 1-3** 打開您的眼睛和心智，不被舊有模式束縛

因為這些迷思，造成很多談判者在談判中，犯下列四項主要錯誤：

1. 該賺的沒賺到，可拿的沒拿到。手上握有好牌，卻沒贏得牌局，把「雙贏」的局面，造成「雙輸」的局面。
2. 沒達到最想要的結果。如同「贏家的詛咒」（winner's curse），談判者做了大幅的讓步，卻收穫很少。
3. 當提案被對手拒絕時，無理性的離開談判桌（有時是出自傲慢，但大多數時是出自錯誤的計算），錯失提出訴求，完成交易的機會。
4. 所達成的協議比其他可能的選擇要差〔也稱「協議偏見」（agreement bias）〕。發生在談判時，覺得有需達成協議的責任，即使眼前的協議不如其他的選擇。

談判是科學，也是藝術。科學是指有模式，有架構，有流程，可設定放諸四海的標準。本書從科學的角度，系統性介紹談判。談判是藝術，每人的經驗體會不同，如何在不同的視野下，進行有效率、有效能的談判，擺脫錯誤迷思的干擾。

圖 1-4 不同的人有不同的思維模式，造成衝突的來源

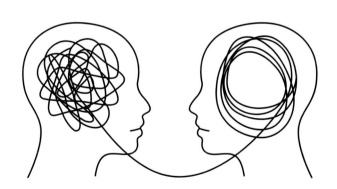

## 贏家的詛咒

　　所謂贏家的詛咒，是指談判者對太容易贏得的勝利，感到不踏實、不自在，沒有經由談判所得到收穫的感覺。也就是一方太快就接受另一方所提出的要求，勝方常會懷疑自問「我是否可用更少代價得到這些？」或「這是怎麼回事？」談判者可能懷疑對方有太多內幕或洞悉潛在優勢，因而答應成交。造成談判收穫方不是感到「我還可表現得更好」，就是覺得「這一定是差勁的交易。」例如：張三在某古董店看上一座古鐘，整個下午都在鄰近徘徊，思考與店家討價還價的談判策略（該怎麼開價、底限、時機、假裝沒興趣、扮黑白臉等）。想了又想後，回到該店裡準備進行執行談判策略時，店老闆二話不說，就接受張三一開始的出價，隨即成交。張三一回到家，就有種贏家詛咒的失落感，因而索性就把古鐘一直放在車庫內積灰塵。

　　最常見的現象是競標中的得標者會不自覺地付出過高的價格，讓得標者可能會有虧損的感覺，「為什麼是我得標？」「是我出的價錢太高了嗎？付出了超過應該要付的價錢。」贏家的詛咒，說的是那些最後的贏家，雖然贏得了拍賣，但是付出了比競拍品價值高得多的價格。很多證據顯示，花下大血本贏得競標的「標王」，很可能也在日後為自己設下了「詛咒」，從此被沉重的競拍成本壓得喘不過氣來。

　　贏家的詛咒隱含的一個意思，是指某項資產在受到追捧後，會被高估，而當你以一個極高的價格買入後，你就很難賺到錢，甚至虧錢。當投標人數增加時，理性出價建議我們，出價要降低，然而大多數的人卻是提高出價。在有許多競標者的標案中，得標者常常是輸家。避免「贏家的詛咒」的關鍵要素就是當投標人愈多時，出價要愈保守。雖然這可能看起來違反直覺，但這才是理性的。贏家詛咒部分源自未能反映實情的思考程序。違反實情的思考程序代表若「當時早該那麼做就好了」而出價不成。愈容易想像出更好的替代方案，談判者就愈會對此協議不滿。「當時早該那麼做就好了」，不僅對糟糕結果不滿，同時也影響了

# 贏家的詛咒

以平均數來計算，$60 是正確的

未來的談判。有研究發現「一出價就被接受，因而心生不滿」的談判者，未來較少會先出價。贏家的詛咒下的談判者，較不可能達成符合雙方利益的整合型協議。解決贏者詛咒的最佳方式就是根本不該讓此情況發生。談判者事先做好功課、避免開價無預期地被接受。賣方也要學會談判中讓步的方式，以 3-4 次，幅度遞減的讓步方法，接受對方所開的價錢，有來有往後成交，避免「贏家的詛咒」的心理糾結。

2017 年諾貝爾經濟學獎得主塞勒（Richard Thaler）曾做了一個「贏家的詛咒」的研究。他發現一個有趣的例子。假設你帶一罐硬幣去教室上課，然後向上課的學生進行拍賣。最後哪個學生出的價格最高，這罐硬幣就都歸他 / 她了。該教授指出，在很多情況下，你會發現：1. 最後贏得硬幣的學生（即出價最高的學生），出的價格總是會高於硬幣的總價值；2. 學生的平均出價會低於硬幣的總價值。因此塞勒認為經濟活動的主體是普通一般人，而人類決策行為中，都會存在某種偏見，都存在有「不理性」部分。

2020 年 10 月諾貝爾經濟學獎頒授給美國學者史丹佛大學教授米格羅姆（Paul R. Milgrom）和威爾森（Robert B. Wilson），此倆人得獎的研究是「改善拍賣理論和創造新拍賣模式」。諾貝爾委員會指出，兩位得主的研究「使世界各地的買家、賣家與納稅人受益」。威爾森提出

為何理性的競標者會以低於他們估計的最佳一般價格出價，因為他們擔心會出現「贏家的詛咒」，也就是付出超過所值的價格。米格羅姆發展出更一般性的拍賣理論，證明當競標者與賣家都更清楚彼此對標的物的估計價格時，賣家將能得到比預期收入更高的價格。

# Chapter 2

# 談判的發生情境與特性

# 2-1 解決衝突的途徑與策略

對談判發生的最經典問題，要屬莎士比亞所說的："To be or not to be, that's a question."，這既是個問題，也是與自身的談判。談判是什麼？是沒有硝煙的戰爭，是沒有砲聲的搏鬥，是禮貌的廝殺，其緊張激烈的程度簡直令人窒息。談判是「衝突管理」（conflict management）或「衝突解決」（conflict resolution）的選項之一。為什麼需要系統性了解談判？因為做好有效率的衝突管理是一輩子的功課！害怕衝突，不如學習如何管理，如何解決。從握拳到握手，需要「軟硬兼施」，不能只有「只硬不軟」，也不能「只軟不硬」。古希臘歷史學者修昔底德（Thucydides）的名言「強者為所欲為，弱者委屈求全。」（The strong do as they will; the weak suffer as they must.），在全球化各方相互倚賴的今天，應改為「在談判的操作下，強者無法為所欲為，弱者不需委屈求全」。

什麼是衝突（conflict）？衝突也許可界定為「非常不同意，或相反的，如利益、觀點等」，並包括「可察覺的分歧的利益、或信念，以致各方參與者的期待不能同時達成」（Pruitt & Rubin,1986, p.4）。衝突來自「相互倚賴的人們在互動中察覺不相容的目標，和彼此間達成這些目標的相互干擾」（Hocker & Wilmot,1985, p.12）。進一步分析，「衝突」是一種心理狀態。當個體同時面對兩個或兩個以上，彼此對立或互不相同的衝動、動機、慾望或是目標，且無法都獲得滿足，也不願放棄任一部分時，個體就會陷入衝突的失衡心理狀態。「衝突」也是一種互動過程。例如：當 A 方認為已受到或即將受到 B 方造成的負面影響，且這樣的影響正是 A 方關切的。此時雙方目標不同，合作不成的互動過程，便是衝突。當雙方都意識到衝突一觸即發時，如何處理呢？一般解決衝突的途徑有三種：

1. **力**（power）：上街頭、高壓、威脅。
2. **理**（right）：講道理、上法院。
3. **利**（interest）：談判。

根據成本分析，選擇不同的解決方式。哈佛的管理專家 Robert 和 Jane，提出二個方案來解決雙方爭議不斷的衝突。其中一種是找一位中間人，

**圖2-1** 人類社會常用戰爭、談判、結盟等方式，來解決彼此的爭端

戰爭

結盟

談判

提出折衷方案，試著讓他們了解對方的觀點，調解雙方之間的矛盾。另一種則由雙方各提出他們心目中的理想關係，然後找一位中立的管理人，協助他們逐步達到。這二種方式是第三方介入的談判。

　　而美國學者 Dean Pruitt, Jeffrey Rubin 和 S. H. Kim（1994）所提出的架構，認為可將個人在面對衝突時的選擇，依據「協力合作」（cooperativeness）和「堅持己見」（assertiveness）兩個面向，分為五種衝突解決策略；也就是所謂雙元關切模式（dual concern model）：模式中的兩個面向為：堅持己見或只顧自身利益，關切自我的結果（在表中的水平面項）（assertiveness），在衝突過程中，追求滿足自身需求的程度；另一面向為協力合作（cooperativeness），關切他方的結果（在表中的垂直面向），在衝突過程中，也兼顧滿足他方的需求。五種衝突的解決策略，如圖2-2：

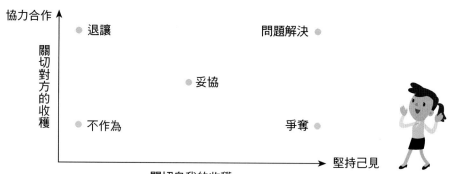

圖 2-2 雙元關切模式

資料來源：Dean G. Prusitt, Jeffrey Z. Rubin, Sung H. Kim, *Social Conflict: Escalation, Stalemate, and Settlement*, 2nd ed., （New York: The McGraw-Hill Companies, 1994）。

策略 1

### 「爭奪」或「競爭」（competing）

是位於右下角的一種策略。行為者堅持己見與不合作，只顧自身利益的實現。採取競爭型策略的人，會堅守自己的立場，不願退讓分毫。這種衝突處理方式，可能會扼殺發展創意解決方案的機會，也特別容易損害雙方的關係，不利發展長期合作。

策略 2

### 「問題解決」或「整合」（collaborating）

是位於右上角的策略。行為者堅持己見但合作。採取整合型策略的人，會真誠尋求解決方案，希望盡力滿足雙方需求。這時雙方都願意開放、誠實地合作，努力釐清各自立場的異同，並盡量發展相同之處。整體來說，整合是最有建設性的衝突處理策略，較不會傷害雙方關係，也有助培養信任。

策略
3

## 「不作為」或「逃避」（avoiding）

是位於左下角的策略。行為者不堅持己見也不合作，將問題暫擱一邊不理。採取逃避型策略的人，不喜歡處理衝突，對自我結果的追求不敢興趣，並對他方是否獲得他（或她）的結果也不關切。不作為通常是撤退或被動的同義字；參與者偏愛退避，沉默或什麼也不做。

策略
4

## 「退讓」或「修正」（accommodating）

是位於左上角的策略。行為者追求退讓策略展現出對能否達成自我的結果毫無興趣或關切，但他們非常關心他方是否達成他（或她）的結果。退讓牽涉降低一個人的期望以使「讓他方贏」。並得到他給他像要的東西。退讓也許某些人看起來很奇怪的策略，但此策略在某些情勢下具一定的優勢。

策略
5

## 「妥協」（compromising）

是位於中間的策略。作為一項衝突管理策略，此策略代表對追求自我結果的努力有所節制，但適度的努力幫助他方達成他或她的結果。Pruitt and Rubin（1986）並未指出妥協是項切實可行的策略；他們認為此策略是「在兩種不同的選擇中，折衷的結果——既不太想以積極方式去滿足雙方的利益，或是使雙方退讓」（p.29）。然而，很多學者及實務家相信，使用此模式也是代表了對衝突的一種有效策略方法，與視其為一種懶散或逃避。

雙元關切模式說明每個人在對衝突時，都有兩個關切的層次：關切自我結果層次，和關切對方結果的層次。這個模式的重要性在於談判者必須決定在他所希望達成的協議中，關切自身收穫（實質目標）和關切對手收穫（關係目標）的相對重要性和優先順序。然而每項衝突管理策略都有自己特殊的優點和缺陷，但在相互倚賴與衝突的環境中，問題解決（談判）被認為是特別偏愛使用的方法。

例如：歐洲，經歷兩次慘痛的世界大戰後，德、法兩國決定拋棄舊有的仇恨與衝突，攜手建立「歐洲煤鋼共同體」。這個組織的成立改變了歐洲國家的互動關係，在合作、互利下，繁榮了經濟，也帶來了和平；之後陸續有許多國家加入，演變成目前的「歐洲聯盟」（簡稱「歐盟」）。今日的歐盟地區已經成為地球上較和平、經濟較富裕、政治較安定、社會較和諧的地區之一。而世界各國目前面臨了許多的問題，如 2020 年發生的冠狀病毒（COVID-19）疫情，既要維護自身的健康安全，排除外來感染，又需要開放與全球的合作，才能保障人類的未來，促進經濟發展。其他如環境保護的問題：如氟氯碳化物的使用、汽機車排放廢氣標準的訂定、各種廢棄物的處理等。疾病的防制：如 SARS 的防制、各種流行性疾病、新的病毒防制等。基本人權問題：如飢餓、受教育、家庭暴力問題等。都需要透過談判，進行各種安排，全球合作來共同解決，達到安全目標。

但面臨衝突的解決方法有很多選項，如圖 2-3，談判是選項之一，是自我對過程與結果的控制程度最高，成本最低的選項。

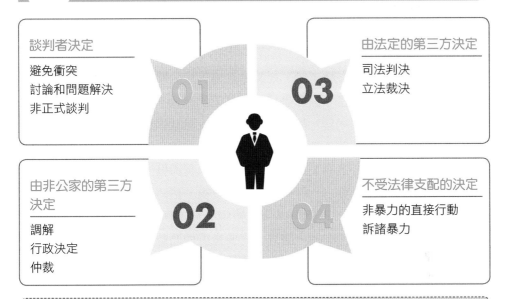

## 圖 2-3　衝突管理與解決方法序列圖

**01**
談判者決定
避免衝突
討論和問題解決
非正式談判

**02**
由非公家的第三方決定
調解
行政決定
仲裁

**03**
由法定的第三方決定
司法判決
立法裁決

**04**
不受法律支配的決定
非暴力的直接行動
訴諸暴力

強制介入及造成輸—贏裁決的可能性增加

資料來源：修改自 Christopher W. Moore, *The Mediation Process; Practical Strategies for Resolving Conflict*, 2nd ed.（San Francisco: Jossey-Bass,1996），p.7, 表 1.1。

　　談判是一種重要的社會活動，代表著處理人類的關係和解決衝突，並且一直存在著。另一方面而言，談判是社會競爭下的產物，在不同時間、不同環境下，具有不同的意義與內容。談判是項基本的人類活動以及過程，每天發生以管理人們的關係，此種關係包括先生與太太，小孩與父母，買方與賣方。在有些談判中，當代價並不高時，人們就不需要對過程與結果做事先的規劃。但有些時候，如國際商業談判，代價高到不得不重視，這時就會更小心翼翼，雙方在這種談判中彼此接觸，以此只接受或拒絕另一方所提出的要求或更好的結果。成功的談判不是煽情式的。雙方一定要覺得他們都有收穫，即使某一方必須放棄最好的成果。雙方必須在都有相互收穫的狀況下，進行談判。

　　談判是每個人生活每天都會做的事。朋友間談判要到哪兒吃晚餐，小朋友們談判要看哪一臺電視，公司談判要採購或銷售的物品，律師向法院提告前談判爭議的法律訴訟，警方與恐怖分子談判釋放所挾持的人質，國家間談判開放邊界以進行自由貿易。談判不是只是外交官，業績好的銷售人員，或有組織性的遊說人員所進行的過程。雖然每次談判成敗的代價可能不如和平協議或大公司購併等這麼有戲劇性；但有些人也為重大的事情進行談判，如應徵新的工作，其他時候也為相對小的事情談判，例如：誰去倒垃圾。僅管我們經常與不同的對象進行不同內容的談判，也就是每個人，每個組織，每個企業，都有經歷談判的經驗，但每次談完後，總覺得可再談得好一點，對談判結果的收穫可以再多一點，對損失可再少一點。了解談判的定義及內容，可給談判的運作有堅實的基礎，「知其為所而為之」跳出「一知半解」、「不明就理」的迷惑，操作運用起來更為踏實。

## 談判發生的原因

- 商討同意如何分配有限的資源，如土地、金錢或時間。
- 創造一些任何一方都不能自我獨立完成的東西。
- 解決彼此間的問題或衝突。

## 談判的發生歸納如下

1. 「談判」是人類行為的要素。文明運作倚賴人與人間的溝通。只要人們以改變關係為目的而交換意見，並考慮達成某種協議，就是「談判」。
2. 「談判」只發生對「可談判的」議題上。
3. 「談判」只發生在有相同利益的人之間。
4. 「談判」只發生當談判者在意的不只是「拿」也會「給」時。
5. 「談判」發生在當雙方對同樣議題彼此信任時。

# 2-3 談判的概念

　　談判是一門藝術或是一門科學？要回答這些問題，首先藉由眾多的學者及實務專家對「談判」不同的解釋與體驗，來尋找對談判定義的答案。清晰的定義不僅可以告訴我們將要學習什麼，也明確告訴我們要調查探討的重點。定義不僅是用以分析與區別其他類似現象的基礎，也是解釋或了解過程特別的結果。

　　出現在中外各類文獻中的有關談判的概念是多種多樣的。目前至少有以下幾種定義：

1. 談判是人際間必要的決策過程，每當我們無法靠單方面努力完成我們的目標時。
2. 所謂談判是指人們為了改變相互關係而交換意見，為了取得一致而相互磋商的一種行為。
3. 談判是參與各方在一定的時空條件下，為改變和建立新的社會關係，並使各方達到某種利益目標所採取的協調行為的過程。
4. 所謂談判，其一般涵義，就是在社會生活中，當事人為滿足各自的需要和維持各自的利益，雙方妥善解決某一問題而進行的協商。

　　詳細而言，美國學者伊克雷（Ikle, 1964）從國際衝突歷史個案的分析中，提出談判是「個人、團體或國家間存在著利益衝突時，為達成協議而提出各種明示的提案，從事利益交換或實現共同利益的過程，即為談判」。他指出談判乃是雙方明確地提出一個具體的方案，以獲得一個雙方都可接受的交換協議或共識，亦或即使雙方存在著許多的利益衝突，也可以協議出一個雙方共同利益的過程。所以，研究勞資談判的 Walton 和 McKersie（1965）在其出版的〈勞資談判行為理論〉（A Behavioral Theory of Labor Negotiations）中認為談判是「雙方或多方企圖去定義或重新定義他們之間相互依賴情況下，所作的謹慎互動」。他們將談判視為決策系統（decision-making system）的

一種，是一個決策的體系，在此體系中二個或二個以上複雜的社會單位之間，謹慎的互動過程，其目的乃是為了試圖重新界定彼此之間互賴的條件。

知名的談判訓練專家 G. Nierenberg（1973）從實務訓練中得出：「沒有什麼比談判的定義更簡單，也沒有什麼比談判的範圍更廣。滿足慾望與需要是談判的動機。人們想交換意見、改變關係或協商尋求同意，他們就舉行談判。」O. Bartos（1974）以社會交換（social exchange）的觀點指出：「談判係指參與社會或人際衝突的雙方，在互動的過程中，相互讓步妥協來達成協議以解決社會衝突」。P. Marsh（1974）認為「談判是指有關各方為了自身的目的，在一項涉及各方利益的事務中進行協商，並透過調整各方所提出的條件，最終達到一項各方較為滿意的協議」。其強調談判過程中「調整各方所提出的條件」的重要性，即結果是談判各方折衷所得。B. Spector（1978）以行為學派觀點（behavioral approach），認為「行為是個人人格與環境動態互動的結果」，所以他們將談判視為「人際間的互動，其結果是基於所有參與者都可接受的轉變」（1978: 607）。

哈佛學者 Fisher, Ury 和 Patton 將談判定義為「在有一些共同的利益基礎，也有一些利益衝突時，雙方為了達成協議所做的溝通協商的藝術。」（A back and forth communication designed to reach an agreement when you and the other side have some interests that are shared and others that are opposed.）（2011）。對建構談判模型有卓越貢獻的札特曼教授（I. William Zartman）指出：「談判是一個將不同立場結合，並予以轉化成單一、一致立場的共同決策過程。」（Zartman, 1977）。美國學者 Kennedy, Benson, McMillan（1987）從需求的觀點出發，對談判的定義為：「談判為兩個或兩個以上的團體或個人間，用以解決衝突的一個方法與過程。經由談判，所有相關的團體或個人都願意調整各方的要求，以達到互相都能接受的協議（agreement）。另外，談判亦可解釋為將雙方的觀點由最理想的狀態，調整到最可行狀態的過程。」

美國學者 Pruitt 和 Carnevale（1993）從溝通的觀點視談判為「談判是指兩個或兩個以上的個人為達到解決利益分歧或社會衝突的目標，而進行的一個討論過程」。Lax 和 Sebenius（1986）將談判定義為「兩個或兩個以上的行為者，在面對明顯存在的衝突時，在潛在性機會互動過程中，透過共同決策，以尋求比其他方式更能獲得更好的結果。」（Negotiation is a process of potentially opportunistic interaction by which two or more parties, with some apparent conflict, seek to do better through jointly decided action than they could otherwise.）。

美國談判學會主席尼倫伯格（Gerard I. Nierenberg）在其所著的《談判的藝術》（The Art of Negotiating）中寫到：「只要人們是為了改變相互關係而交換觀點，只要人們是為了取得一致而磋商協議，他們就是在進行談判。」

英國談判學家馬許（Peter Marsh）給談判下了這樣的定義：「所謂談判（或稱交易磋商）是指有關貿易雙方為了各自的目的，就一項涉及雙方利益的標的物在一起進行洽商，透過調整各自提出的條件，最終達成一項雙方滿意的協議的一個不斷協調的過程。」

法國談判學研究專家杜邦（C. Dupont）全面研究了歐美許多談判專家的著述和心得，在其所著的《談判的行為、理論與應用》（La négociation Conduite, Théorie, Applications）一書中，給談判下了如下定義：

　　「談判是使兩個或數個角色處於面對面位置上的一項活動。各角色因持有分歧而相互對立，但他們彼此又互為依存。他們選擇謀求達成協議的實際態度，以便終止分歧，並在他們之間（即使是暫時性地）創造、維持、發展某種關係」。

從上面有關談判的定義的論述中，可以看出中外學者與談判專家對談判定義的看法基本一致，差異僅存於文字表述上。不同學者及談判實務者對談判不同的定義，不同的讀者對談判也有不同的體驗。如同美國學者札特曼所説（1988）談判對不同的人依自我不同的經驗、訓練、教育而有不同的意義，有不同的感受，就如同瞎子摸象一樣，摸到大象的耳朵就認為大象就是扇子，摸到大象的鼻子則認為大象就像是水管，摸到大象的尾巴，就認為大象像繩子，摸到大象的大腿，就認為大象像柱子，但我們從不同的定義中，可歸納出構成談判的要素。

# 2-4 談判的構成要素

當面臨下列情境時,談判行為者便可能決定走上談判桌:

1. 當單方面解決問題受到阻礙或代價太高的時候,或另一個方案更有助於解決問題,或成本更低的時候(Zartman, 1985: 233; Zartman & Berman, 1982: 52; Saunders, 1985: 25)。
2. 他們發現彼此之間的權力分配趨近於平衡的時候(Zartman, 1985: 234; Zartman & Berman, 1982: 48; Saunders, 1985: 30)。

走向談判桌對介入衝突的行為者而言,是衝突過程中的一個重要轉捩點。行為者經常因為受到新近發生危機的刺激,想要「處理」此一危機,或想要「避免」一個預期中的危機發生,而想到把談判列為眾多解決衝突的方法之一(Stein, 1989: 240)。像 1979 年以色列與埃及的大衛營(Camp David)談判之所以會成功,就是美國總統卡特為避免中東再度發生危機,而主動進行調停的結果。

談判的參與者可以是個人、團體、組織,或是國家。而所謂「分歧的利益」是指各方對於解決方案有不同的偏好,不論是在國際貿易、勞資關係、商品買賣,或是人際關係,都可以看見這些「分歧的利益」的存在。如果說談判是透過雙方的妥協,共同解決彼此的衝突,其所隱含最重要的訊息便是「談判中的任一方,沒有對問題能片面解決爭端的絕對力量或意願」,這種「部分控制」(partial control)的特性,便使得談判當事人都必須仰賴彼此的互動,並透過分析掌握外在環境,揣測對方的可能反應,以選擇對自己最有利的因應之道。因此基於上述各學者的研究與觀察結果,可以歸納出談判有下列構成要素,如表 2-1。

美國約翰霍普金斯大學國際衝突管理研究所教授 W. Zartman(1977)亦提出,談判必須包含有四個基本元素:

1. **談判者**:參與談判的當事者,不論個人或團體,單邊或雙邊。
2. **雙方當事者具有利益的相關性**:參與談判的當事者存在共同的利益與衝突。

**表 2-1** 談判構成要素

| 基本要素 | 內　容 |
|---|---|
| 涉及兩個或兩個以上的談判成員 | 談判活動中至少有兩個成員；談判中若有愈多成員，整個談判過程愈複雜。 |
| 存在明顯或潛在的衝突或共同利益 | 談判成員間必須要有衝突或共同利益才能引發談判。 |
| 談判成員彼此有依賴性 | 談判成員中或多或少都要依靠彼此才能解決相互間的衝突或取得共同利益。 |
| 共同解決問題的意願 | 若談判成員沒有解決問題的意願，既使具有衝突或共同利益等問題，談判也不會發生。 |

3. **雙方當事者彼此存在互動關係**：談判是在雙方要價與讓步間反覆進行，並非一方單方向的讓步。

4. **雙方當事者具備達成協議的意圖**：雙方當事者都願意視達成協議為其談判的目標。

另一位美國學者伊克雷（F. C. Ikle）早在 1964 午即提出談判的要素是：

(1) 共同的利益。

(2) 衝突的議題。他指出「沒有共同的利益，就沒有任何可談的東西；沒有衝突議題，就不知道談什麼。」（Without common interests, there is nothing to negotiate for; without conflicting issues, nothing to negotiate about.）（Ikle, 1964: 20）。

我們可將形成談判的要素歸納為：

1. 共同利益與衝突利益並存。
2. 是一種相互倚賴的決策情境。
3. 是一種策略機會性互動的過程。
4. 達成協議是彼此共同追求的目標。

## 解決衝突方法，哪種方法較有效

解決衝突的方法——利益，權利，和權力，哪種較有效？哪種為先？那種方是可在談判裡獲得最大利益？

爭執衝突起源於當個人，或組織聲稱或需要某項東西而遭受到另一方拒絕時。這項聲稱擁有某項東西也許起源於一項感覺上的受傷，或從需求，或從期望而來。也就是在衝突當中的個人或組織，都有某種利益受到危害。更進一步的説，有一定相關的作為一種公平結果的指南的標準或權利存在。此外，在此些個人或組織中有某種權力平衡的存在，包含利益、權利及權力的任何衝突的三項基本因素。為解決一項衝突，參與者必須尋求：(1) 調和各方現有的利益；(2) 決定誰擁有權益，或 (3) 決定誰擁有更多的權力（誰的權力較大）。

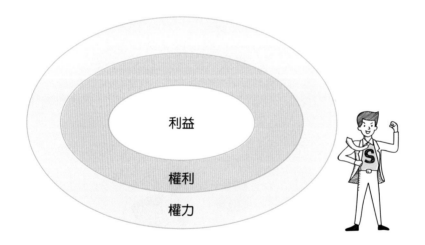

**調和各方利益**

利益是指需求、想望、關切、害怕——是當事人所關切或所希望的事，是當事人根本的立場，是當事人他們希望的實質的東西。例如：先生與太太關於是否要花錢買一輛新車而吵架。先生根本的利益也許不是錢或是一輛車，而是想在朋友前炫耀；而太太的利益可能是需要一個交

通工具。一家電氣公司的銷售經理與生產部門經理為了生產不同模型電視的數量產生衝突。銷售經理希望製造更多不同型號的電視。他的利益是賣電視，更多不同型號的電視代表著給消費者更多的選擇，也就增加銷售量，而生產部門經理希望生產更少的型號。他的利益是降低製造成本，更多型號代表更高的成本。調和這些利益並不容易。它關係者根深蒂固不同的關切，甚至相反利益間的交換與讓步，需要設計有創意的解決方案。最常普遍的作法就是談判，以反覆的溝通試圖達成協議（一種朝向解決衝突互動行為的過程）。另一種是以利益為基礎過程，就是調解，也就是以第三者來協助衝突者達成協議。

　　這不是說所有的談判或調解都聚焦在調和各種利益。有些談判焦點是決定哪方是對的，例如：當一位律師爭辯哪一方具有更多合法的事。其他的談判聚焦在決定誰更具權力，例如：當相互交換威脅和反威脅的鄰居們或國家之間。談判時常綜合包含了此三種東西——有些試圖滿足利益，有些討論權利，而有些是相對權力的事。談判如主要聚焦在利益，我們稱之為「以利益為基礎」相對於以「權利為基礎」或「權力為基礎」

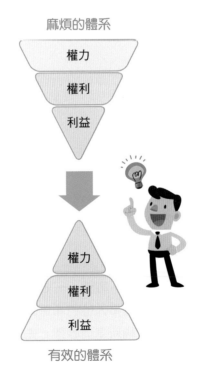

麻煩的體系

權力

權利

利益

權力

權利

利益

有效的體系

的談判。以利益為基礎的談判又稱之為「問題解決式的談判」，這樣稱法是因為將各方做為解決問題的當事人。在介入衝突的各方能有效開始調和各種利益之前，他們也許需要釋放他們的情緒。很少的衝突是沒有情緒的。情緒常常引發了爭執衝突，衝突反過來又引發了更多的情緒。

在談判中，將壓抑的情緒表現出來也許是解決問題的方法。特別是在人際間的衝突，如果當事人在責罵對方的前面發洩了他們的憤怒、悔恨，與挫折，而對方表達知道了這些情緒，或進一步的表達了道歉，敵意就降低了。當敵意降低，解決以利益為基礎的衝突就變得較為容易。情緒的表達在某種以利益為基礎的談判或調解中，特別有效。

## 哪一種方式最好？

很多談判參與者會表示調和各方利益的方法要比聚集誰有權益或誰有更多權力更好。這樣的思考正確嗎？哪種方式最好，應用四項因素來權衡：1. 交易成本；2. 對結果的滿意程度；3. 對談判者關係的影響；4. 衝突再發生的可能性。

1. 交易成本：以勞資談判為例，資方最好的解決方式是避免勞方罷工，也就是縮小衝突的成本，所謂的「交易成本」。罷工最明顯的成本就是經濟上的損失。勞工罷工時，資方仍要負擔公司固定成本。有時候，罷工會導致暴動，損毀公司的財產。一連串的罷工可能導致資方失去很多商業合約（接單）的機會。如以家庭的衝突而言，交易成本包含衝突中的挫折時光增長，神經緊繃導致頭痛，並失去很多歡樂時光，與有用的工作。所有衝突的過程都會產生交易成本：時間，金錢，和情緒體力的消耗，資源的浪費和毀損，以及機會的流失。

2. 對結果的滿意程度：另一種衡量衝突的方法是談判參與者對結果的滿意程度。勞工的罷工也許對勞工而言並不能完全滿意罷工的結果，但可能成功地發洩了勞方的挫折感，並有抱負的感覺。衝突各方的滿意大部分來自於解決方案能滿足衝突者在衝突開始被拒絕的利益的滿意程度。滿意程度也視衝突者是否相信解決方案是公平的。如果感覺是公平的，即使協議並沒能完全滿足當事人的利益，衝突者也會有某種程度的滿意感。滿意程度不僅是對解

決結果是否公平的感覺，也在於對解決過程是否感覺公平。對公平的判斷基於幾項因素：**衝突者表達意見的機會；對協議結果接受或拒絕控制的程度；參與結果的程度；以及衝突者對介入談判的第三者相信的程度。**

3. 對關係的影響：第三個衡量因素是對衝突各方關係期望的效果。不同的衝突解決方法，會影響衝突各方例行性的共同事務。常以離婚為威脅的衝突爭執，將會嚴重地破壞婚姻關係。相反的，婚姻顧問建議爭執的雙方應學習聚焦在利益上以解決衝突，以增進婚姻關係。

4. 衝突再起的可能性：最後一項因素，是哪種解決方法能產生較長、較持久性的和平。衝突再次發生最簡單的因素就是未能遵守解決方案。例如：爸爸和青少年的兒子以禁足解決衝突，但兒子一次又一次的違反禁足規定。當對某項衝突已達成某種解決方案，但此解決方案未能阻止同樣衝突發生，或再發生於相同群體中不同當事人上。例如：犯有性騷擾的資方與受害員工達成協議，員工也滿意協議的結果，但資方繼續性騷擾其他的女性員工。或雖然某位資方停止了此行為，但公司的其他男性持續對公司內的女性騷擾。

## 此四項因素的相互關係

此四項因素是關聯互動的。對結果的不滿意將產生對關係的壓力，也會造成衝突的再發生，這樣就增加了交易成本。因為不同成本的增加與減少通常都在一起產生，很簡單的想法就是此四項因素都可視為衝突的成本。當我們特別以高成本或低成本的方法來比喻時，不僅僅是交易成本，也是對結果的不滿意，對關係的壓力，和衝突的再發生。

有時候一項成本的降低，只因為另一項成本的增加，特別是以短期來看。如果父子間能坐下來討論他們對禁足的衝突利益，短期的交易成本就時間或精力消耗而言，也許會高。然而這些成本會因成功的談判而抵銷——改善了關係和不再有違反禁足的情形發生。

## 只聚焦在利益是不夠的

只靠調和利益來解決衝突既不可能，也不是大家所希望的。為什

麼？什麼時候決定權利或權力是必要的。有時候以利益為基礎的談判不會發生，除非開始時就使用權利，或權力將頑強抗拒的一方帶上談判桌。例如：環保團體也許會對開發商提出法律告訴，以促成談判。一群社區人士也許會組織到市府的抗議，以使得市長出面討論改善收垃圾的服務。

　　在其他的衝突中，衝突各方不能以利益為基礎來達成協議，因為他們對誰有權利，誰有更多權力主張各不相同，以致他們不能建立討價還價區以進行談判。如同對衝突當事人的權利不確定時，有些時候將使談判變得困難，對於談判權力的不確定性也是如此。當有一方將現有權力平衡的關係轉為己方有利時，也許會發現只有權力競賽才能適當地表達主張。在處理勞資關係的實務中，體會在一定的時間罷工後，勞資關係常常才能得到協議。罷工降低了參與者相對性權力的不確定性，使得衝突參與者達到不情願的讓步。所造成長期的獲益有時可合理化權力對抗所付出的高昂交易成本。在有些衝突中，利益是相反的，使得協議不可能達成。在尊重生命團體與墮胎診所間聚焦利益以解決衝突是不可能的，不論診所是否繼續存在。解決方法似乎只有以權利競爭方式，例如：司法裁判，或權力競賽，如法院訴訟。

　　當想追求權利或權力程序時。雖然調和利益一般比決定權利成本來得低，只有在以解決公共重要議題能獲得合法性。有些人認為具有權力的一方當時與弱方交涉時，常接受勸告以聚焦在利益上。但即使一方擁有較多權力，對此方的成本會很高。使用威脅須以不時地行動來支持。權力的弱方可能不會屈從於基於權力的解決方案，所以需要更多權力的一方付出更昂貴的政策。權力弱的一方也許會報復或許並不激烈，儘管

如此，也頗令人煩心。並且報復也許對權力大的一方付出相當的成本，例如：權力的平衡從此改變，這樣就具不可期待性，或權力弱的一方在另一議題上需要前所未有的合作。這樣權力大的一方，在權力設定的範圍內聚焦於利益，也許要比剛開始時，更令人期待。

## 決定權利或權力較低成本的方式

因為權利或權力扮演有效衝突解決中重要的角色，但不同的權利或權力程序具有不同的成本基礎。我們區分三種不同形式的權利或權力程序：談判，低成本競爭以及高成本競爭。以權利為基礎的談判通常比權利競爭型，如法庭談判或仲裁，成本較低。同樣，以權力為基礎的談判，表現出威脅的態式，通常比以權力競爭需要輔以威脅的方式成本較低。也就是不同的競爭方式產生不同的成本。如果使用仲裁加上法院裁判的程序（長時間的調查，程序過程，以及申訴），要比走上法庭成本較少。在打鬥中，嘴巴叫嚷要比身體的攻擊成本較少。只對拒絕超時工作的罷工，要比全面性的罷工成本較少。

## 所以我們的目標是建立以利益為導向的衝突解決系統

並不是所有的衝突都能夠或應該以調和各方利益來解決。權利和權力的程序有時能完成以利益為基礎的程序所不能完成的事。問題在於權利和權利的程序常在非必要時使用。這些程序應在最後才出招，但有時常在一開始就使用。在衝突解決系統的目標就變成如倒金字塔圖麻煩系統一樣。絕大多數衝突要以調和各方利益來解決，有些透過決定誰是對的，較少的透過誰擁有更多的權力，麻煩系統顯示較少衝突透過調和利益解決，而很多衝突透過權利或權力來決定。對衝突者的挑戰就是要將系統翻轉過來成為有效的體系，促進各方的利益，同時也提供低成本的方法。

# 談判的操作要素能力

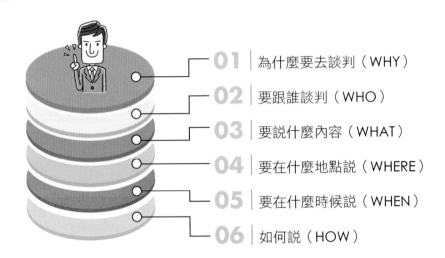

**01** | 為什麼要去談判（WHY）

**02** | 要跟誰談判（WHO）

**03** | 要說什麼內容（WHAT）

**04** | 要在什麼地點說（WHERE）

**05** | 要在什麼時候說（WHEN）

**06** | 如何說（HOW）

談判參與者都有一個目標點（target point），也就是他們想要達到的目標水準或想望水準（aspiration level）。談判參與者也都有一個拒絕點（resistance point），或稱為安全點（security point），或稱之為「底線」（bottom line）；表示著他們可以勉強接受的最差結果，當結果可能會低於拒絕點（底線）時，將會中斷談判，以拒絕接受不利的談判結果。而在目標點與拒絕點之間的區域則構成了各自的希望範圍（contract zone），若談判參與者的希望範圍重疊時，表示存在一個和解範圍，就是所謂的討價還價區（bargaining zone），或稱為潛在協議區（zone of potential agreement），如圖 3-1、圖 3-2。談判結果若是落於此區域內，能為談判參與者所接受。

所以整理談判一些相關基本概念，在走上談判桌前，都要有這些規劃：

1. 拒絕點（底線／抗拒點／保留點）。底線代表談判者無法獲致談判協議而需單獨行動時的成本效益評估，亦即一個區分獲利與無獲利的分界點。

2. 目標點（理想點）

3. 協議區域

4. 協議點

5. 心理聚焦點

圖 3-1 　沒有討價還價區

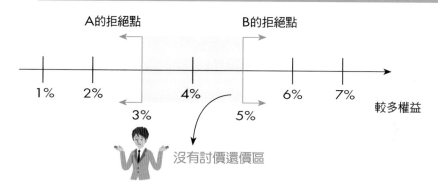

沒有討價還價區

圖 3-2 　完全價值爭奪討價還價區

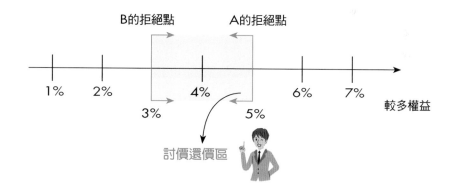

討價還價區

Chapter **3**

談判的操作要素能力

**圖 3-3** 消極的討價還價區

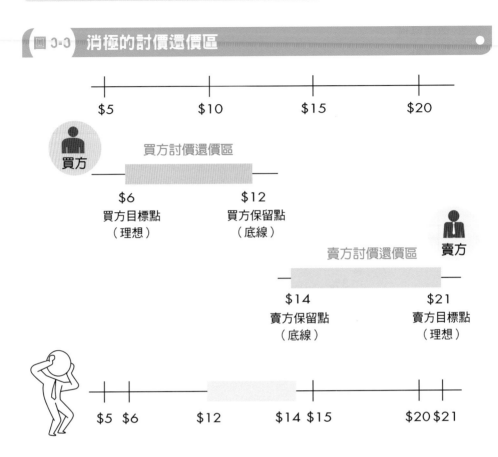

圖 3-4　積極的討價還價區

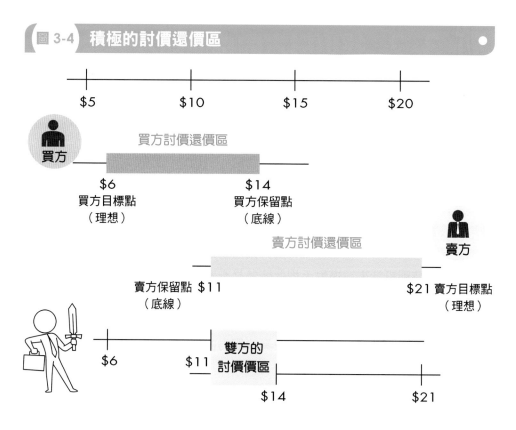

試繪圖說明談判底線、目標點和協議區域之間的關係。

（試以買賣雙方立場差距為例，假設數線愈右邊，價格愈高。）

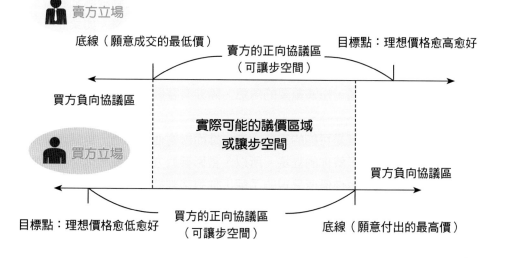

# 3-2 找出對方的抗拒點及影響他方的抗拒點

## 一、找出對方的抗拒點

　　資訊是談判的生命力。你對對手的目標、抗拒點、動機、自信程度以及其他知道得愈多，則愈能讓你獲得有力的協議。同時，你不希望對方擁有關於你的特定資訊。你的抗拒點，某些你的目標點、某些脆弱策略立場的機密資訊，或某些最容易受傷的情感，這些都最好被隱藏起來。（Stein, 1996）

　　從另一方面來看，你希望擁有對方某些特定資訊——有些是真實的且正確的，有些是特別設計來誤導對手相信情勢是有利於你的。每一方都希望獲得些資訊並隱藏某些資訊。結果讓溝通變得複雜。資訊常以編碼方式在談判中不斷演進變化。談判者常以提出問題來回答問題，或以不完整的敘述來影響他方認知，但是，他們必須建立某些有效及具說服力的觀點。

## 二、影響他方的抗拒點

　　規劃分配型的策略與戰術的重點是須找出對手的抗拒點（底線）以及和你自己的抗拒點（底線）的關係。抗拒點是立基於對特別結果的價值期待，也就是對一項結果價值與成本的產物。如果一位購屋客在買房契約談判時是基於他能付擔的金額（總價或每月貸款金額）、此公寓的市場估價，以及他的談判綜合因素（如交屋日期）來設立他的抗拒點。抗拒點同時也受到談判延宕或遭遇困難時（非實質性的）個人所付出的代價，或談判流產所影響。如果此購屋人設下 $150,000 的抗拒點，面對必須選擇付 $151,000 或改住公寓，他也許將好好再評估他的抗拒點。但是，如果沒有好好思考，應不要改變抗拒點。抗拒點在設定談判者的範圍，扮演重要的角色，除非有客觀的理由改變它，否則就不應該改變。

　　形成對方了解什麼是可能的重要因素，進而影響他（或她）對特定結果價值的認定，就是對方了解你的立場。所以，當影響對方的觀點，你必須也要處理對方對特別結果中對你價值呈現的了解，你對談判被延宕或遭遇困難所引起的成本，以及談判破裂對你的成本。

賽局談判中，首重強化自己的「掀桌實力」，也就是「談判協議的最佳選擇方案」（BATNA, Best Alternative to a Negotiated Agreement）

在實務操作上，應把握下列原則：

## 1. 平等原則

談判參與者坐在一起是為了以滿足他們自身要求為目的。沒有平等地位，那何必去談判。在現代談判中，平等和相互獲利是非常基本的原則，代表參與者具有同等的法律地位，有同等的權利與義務。他們基於自身需求進行交易，彼此告知對方，共享相互的收穫。

在成功的談判中，每一方的參與者必會得到某些收穫，否則就沒有理由參加談判。如果一方退出，另一方就完全沒有收穫。如果某一方拿得多給得少，另一方就會感覺不情願繼續談下去。因此，談判參與者應好好準備，以在平等的基礎上滿足另一方的需求。

## 2. 真誠的合作

參與談判是為了要與另一方解決問題。談判本身是某種合作。透過談判，參與者尋求各種不同的安排，以致在結束談判時比開始時有更好的收穫。事實上，雙方都須退讓。當作讓步時，參與者必須牢記一方從另一方讓步所得到的收穫，一定多於己方對另一方讓步所創造出的收穫。雙方是「雙贏」，而不是某方「輸」，另一方「贏」，輸一贏的狀態。

除了開價、目標點和抗拒點外，談判者需要思考若不能與對方達成協議該怎麼辦？而最佳選擇方案（BATNA）及最壞的選擇方案（WATNA）為何？

「談判協議的最佳選擇方案」這個概念是由哈佛學者 Fisher，Ury 和 Patton 在他們最暢銷的著作（*Getting to Yes*, 2011）中提出的。談判協議最佳選擇方案所反映的是「如果被提議的交易無法實行，則談判者可能採取的其他選擇」，是要求談判者思考在未能達成交易的情況下，可能發生的最佳的結果是什麼？並且把現有的交易與這個替代方案進行比較，也就是談判者的退路有多少，如圖 3-5。

圖 3-5 談判最佳選擇方案（BATNA）

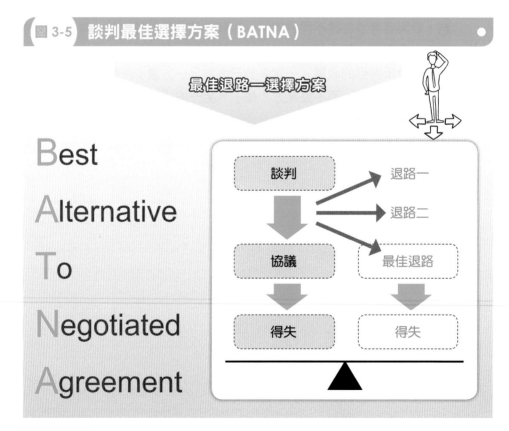

如果對手拒絕接受議程中的某些提案，或者提出一些令人無法接受的議題，該如何應對？談判者必須清楚掌握兩個關鍵：你的替代方案如果此項交易無法成功完成，和你的限制──例如：你仍將會簽署的對方最低可接受的開價。而替代方案是談判者可達成的其他協議，並仍能滿足談判者自身的需求。在任何情境下，愈多的替代方案，你就擁有愈多權力，因為你能從現今的談判離開，並仍能使得你的需求與利益能得到滿足。當談判情況不佳時，替代方案就很重要，因為這賦與談判者抽身離開的機會。現實中，談判者有多少的選擇方案會依其所處情境而異。當談判者手上有很多夠誘人的替代方案時，能設較高的談判目標，較不易讓步。談判者若沒有好的替代方案，例如：只能與唯一的供應商交易，議價力就較低。優秀的分配型談判者在和另一方開始談判前，會確認自己手上實際可行的替代方案，以便決定在談判中的立場（Fisher & Ertel, 1995）。優秀的談判者也會在談判進行中，設法增加替代方案。若傑克森與蘇菲亞的談判仍繼續，他應持續在市場上另尋替代方案，也可與其他屋主持續談判以尋求更好的結果。藉著改變替代方案，這兩種方法都可讓傑克森維持或擴大議價能力。談判者也要意識到最壞的打算，而此在談判持續進行時會益發明顯。

在談判開始前，談判者要始終清楚自己的 BATNA。不然你就不知道達成的交易是否合理，也不清楚何時該退出談判。不清楚自己的 BATNA 就開始談判的人，會在談判中處於劣勢。擁有強大替代方案的談判者，大概都會在談判中先開價，並有較好的結果（Magee, Galinsky, & Gruenfeld, 2007）。議價區間很小時，好的替代方案的正向利益會特別顯著，因為談判空間更競爭，更難達成協議（Kim & Fragale, 2005），也就是強而有力的替代方案能影響談判的進展。一個專業稱職的談判者應建立自己的 BATNA，好讓自己能夠具備「挑三撿四」的談判籌碼；但是一般人往往無法做到，究其原因，不外乎以下三種情形：

1. 如談判研究的認知學派學者 M. Bazerman 和 M. Neale 所說，很多人在談判開始前沒有習慣預想無法達成協議的可能後果，所以也就不會覺得有必要為自己準備 BATNA；結果就是，無論是買房子、車子或找工作，很多人都不自覺地陷入一個進退失據的談判困境。
2. 有些談判者或許知道 BATNA 的重要性，談判情境也存在替代方案，但

是受到談判者過度強烈的主觀好惡之影響，以致於談判者看不到或不願意考慮其他替代方案；結果就是，談判者無法忍受沒有協議，因而出現不必要的讓步。

3. 談判者認為自己有 BATNA，但是實際上卻沒有。

一個握有強力不同的替代協議的談判者具有相當的權力，因為談判者不需要藉著成功的談判來得到滿意的結果。最佳替代方案的出現，改變談判中的幾項事情：

(1) 跟沒有最佳替代方案的談判者相比，具有吸引力最佳替代方案的談判者，可為自己設定比對手更高的保留價格。

(2) 面對具有吸引力最佳替代方案的對手，談判者只能為自己設定低一點的保留價；以及

(3) 當雙方察覺其中一方有吸引力的最佳替代方案時，談判者就可以收到比較正面的談判結果。

Buelens 和 Van Poucke（2004）的研究發現，認識談判夥伴的最佳替代方案是談判者決定開價的重要性因素之一。這些發現建議具有吸引力最佳替代方案的談判者應該告訴對手這個事情，如果他們期望收到全面性的獲益。有禮貌的（即使是巧妙的）讓對方察覺到一方有好的最佳替代方案，能提供不會分離對手的談判力量。另一方面，如用最佳替代方案在對手面前耍威風或提出叫人領情的要求，你的最佳替代方案也許會被視為具侵略與威脅。也就是具備 BATNA，有可能讓談判者產生「有恃無恐」的心態，導致談判者不願意積極尋求可以與眼前談判對手達成協議的最佳解決方案。

BATNA 只是備案，順利地達成談判協議，還是談判者第一個優先選擇。

談判最佳選擇方案（BATNA）的另一面，就是最壞選擇方案（WATNA, the Worst Alternative to a Negotiated Agreement）。也就是，如談判者選擇不談了，離開談判桌，這個最壞的情況，結果會如何？

在談判時要準備好自己的 BATNA，並且盡力削弱對方的 WATNA。

## 如何與騙子談判

　　人類有一項持久不變的事實，是我們會說謊——常常發生並且脫口而出。你平常可能意識不到，或者說完自己就忘了。事實上，很多心理學家都表示這種欺騙的動力深埋在我們的基因中，是我們共同的人性。如同一位研究欺騙的學者說：「說謊並不是特別，而是正常，並比憤世嫉俗和冷漠態度，更為自發性及無意識的表現。我們的心智和身體藏著欺騙的祕密」。說謊是一種求生本能，是人類本能的一種自我防禦保護機制。

　　很多研究確定很少人在一天中不會說謊。有一個研究顯示，很多日記中的對話，包含作者自述的感覺、行動、計畫和行蹤，約有 30% 至 50% 是騙人的。另約有 60% 的人在被人介紹給新朋友時會說謊，可能僅是在創造美好的印象，並且約會中的情侶會相互說謊。依照大部分企業人力資源經理保守的估計，約有 25% 的履歷有很大的謊言。更令人吃驚的，說謊的行為很早開始，一般都是 3 歲或 4 歲。那麼對談判中的說謊就不會令人詫異。談判在過程中常充滿了假訊息和欺騙，事實上，很多觀察家發現很難想像談判中沒有欺騙。

### 騙人的道德性和合法性

　　無處不在的謊言也許導致有些談判者變得對真相、公開的事實不信任。這種說不出口，並或許無意識的思維，就是如果每個人都說謊，為什麼是壞事？賓州大學華頓商學院教授法律及企業倫理的 Richard Shell 教授在 Sloan Management Review 期刊中表示，我們應該對談判環境下的謊言採取輕鬆的態度：「道德家們常認為在談判中僅是『不道德的行為』，在法庭中會變為非法的行為。」

Chapter **3**

談判的操作要素能力

## 非成文法（判例法）下，欺騙需具有五項基本因素

換句話說，說謊不僅是不對的行為，並且在談判中也常在違法情況下說謊。

**01** 對具體事實造假的陳述

**05** 對無辜的一方造成傷害

**02** 從知識或信念中判斷是假的

**04** 受害的一方合理的信任造假的謊言

**03** 意圖誘使對方對假的陳述做出回應

### 不是所有的謊言都是欺騙

但我們要注意 Shell 教授的觀點有其限制。特別是他對談判者的謊言，他了解到試圖誤導一項公平的談判——所有談判者都該認識到這件事，不會有人期望在跳蚤市場或二手車市場所公布的資訊都是真的。在傳統的談判中，商業活動通常與防範欺騙行為相關，因為欺騙策略大多被認定為標準活動。欺騙在協商過程中已是不可避免的行為，因為欺騙策略可協助提升個人的權力，還有控制力。

事實上，Shell 教授指出，對做出誤導聲明的人並沒必要視為不道德或非法的行為。這意味著談判者都有信託關係，富有高度的誠實與保密的責任。有時候，法庭要求當事人遵守示警原則，以讓受聽者能警覺到。例如：銷售員的推銷語言遊走在遵照法律的聲明和僅是促銷的花招之間，大家都知道是項「虛張聲勢」。技術上，法庭告知當事人要陳述事實，

但原諒虛張聲勢的説法。此項挑戰在於分辨合法法律的論述與非合法論述。例如：思考法庭如何去決定當一位銷售員描述一棟在某城市中的房子，「很好」，「很好又精緻」，及「是最好的建築之一」。相對於另一個法庭規定，當銷售員描敘一臺電腦是「頭等級」就代表著要包含法律責任的保證。或另一法庭要求汽車銷售員站在車了後面，當他說此車「跑起來性能很好」。看一個人如何玩弄區別法庭的規定及超越這些規定，需要技巧的説謊。

## 你在談判中，會說謊騙人嗎？

參考資料來源：瑜，「心理學家告訴你：人為什麼要説謊？如何判斷對方説謊了？」http://horo88.cc/6427。

### 我們能偵測出謊言嗎？

當某人説謊時，似乎每個人都有自己偏愛的方法去偵測出來。其中最多人使用的方法是觀察對方是否有多個和平常行為不同的地方，諸如逃避眼睛的接觸，拉耳朵，流汗，聲調改變，不自然的微笑，長時間的暫停回答，搓手搓臉，呼吸加重等。有些人説謊會眨眼或有些人不會眨眼。很多人認為這些觀察是很可靠的，因為這些都是個人經驗的累積歸納所得來的。但這些可能只意味著對方正感緊張，不全代表在説謊。

因為研究顯示大部分的人都不具有偵測説謊者的能力。謊言不容易

## 偵測謊言

| | |
|---|---|
| 觀察對方是否有多個和平常行為不同的地方  | 逃避眼睛的接觸 |
| | 流汗 |
| | 聲調改變 |
| | 不自然的微笑 |
| | 長時間的暫停回答 |
| | 搓手搓臉 |
| | 呼吸加重 |

多數人用的觀察方法,有可能對方正感緊張,不全代表在說謊。

被識破。事實上,依據大部分的實驗,偵測出某人說謊的機率不高。而有才能的說謊者知道別人正觀察他(或她)可能說謊的身體語言,所以他能操控這些身體語言。如果只看這些做為評估是不說實話,就會失去了解真相的機會。過去的研究指出,使用欺騙策略可提升談判者的權力(Bacharach & Lawler, 1988)和擴大彼此的共同利益(O'Connor & Carnevale, 1997),然而這對於經驗不夠的談判者來說,或許不是正確的(Schweitzer & Croson, 1999)。不過,一旦欺騙策略被識破的話,可能會傷害彼此的關係(Lewicki, Barry & Saunders, 2010),也可能會引來報復(Boles, Croson & Murnighan, 2000)。

## 每個人都會不時地說謊

按照平均水準，孩子在 2-3 歲之間就開始說謊了。

如果新認識某人，一個人通常每 10 分鐘會說謊 2-3 次。

大多數人一天說謊 4 次。也是說，一個人加起來每年要說 1,460 個謊話。

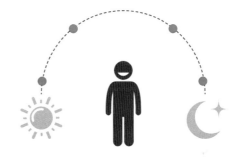

女人平均一天說 3 次謊。

男人平均一天說 6 次謊。

沒事呀！我很好！

這是在兩個性別中都最常見的謊言。

參考資料來源：瑜，「心理學家告訴你：人為什麼要說謊？如何判斷對方說謊了？」http://horo88.cc/6427。

57% 的男性、54% 的女性，承認在過去或現在的關係中有過不忠。
但不幸的是，常人只能識別出 50% 的謊言。

參考資料來源：瑜，「心理學家告訴你：人為什麼要說謊？如何判斷對方說謊了？」
http://horo88.cc/6427。

# Chapter 4

# 競爭型談判的策略與戰術：
# 分割大餅

談判是一種競賽（competition），有人贏就會有人輸，雙方的利益呈現完美的負相關關係，亦即增加一方之獲利必同時減少一方之獲利，所以學者也稱其完全衝突賽局（games of pure conflict）（Thompson, 1998）；在賽局理論（game theory）中，它還有另一個名字，那就是零和賽局（a zero-sum game）。完全衝突賽局也是一個總和固定賽局（fixed-sum games）。競爭型談判為解決衝突的兩方或兩方以上的談判參與者，在單一互斥目標上衝突的決策過程。在談判過程中，由於雙方立場對立，若其中有一方的利益增加，將使另一方的利益減少。此種類型的談判乃是建立在可供分配的資源總額是固定的，也就是處於一個固定利潤大餅（fixed-pie）的情境下，而雙方當事者又設法增加各自能夠從這些固定資源中可得到的分配額度，亦即一方所贏的就是另一方所輸的情境，又稱為零和遊戲（zero-sum game）。例如：勞資雙方對於員工的薪資談判就是一個典型的競爭型談判，勞方代表為員工，向資方每多要 1 元，就是增加資方的成本，所以雙方在立場上有著基本的衝突，均視對方為要擊敗的對手。競爭型談判著重在談判者如何去分配固定或有限的資源。

競爭型談判也被視為贏輸談判（win-lose negotiation）、零和競賽衝突談判（zero-sum conflict）、立場堅持談判（positional claim）、價值爭奪談判（claiming value）。從賽局理論（game theory）的觀點看來，競爭型談判屬於零和賽局。雙方都希望擴大增進自我資源，每一方都會使用策略來增進自我的分配，也就是私利最大化。假定所有的談判者是理性的，亦即會選擇可以最大化自己的利益，或者將損失降至最低的行動方案（the principle of maximization）。因此，不是贏就是輸的結果，使得談判雙方難以獲得良好、滿意、雙贏的成果，故談判成功的機率不大。此類型談判的特徵為：

1. 視談判對手為敵人。
2. 其追求的目標，是要獲致談判的勝利。
3. 在談判時，不信任對方。
4. 對談判對手及談判主題均採強硬態度。
5. 運用策略誤導對方並施加壓力。
6. 堅持立場，以本身之收益作為達成協議之條件。

解釋這些因素如何影響競爭型談判的過程，我們提出四項主要命題：

**圖 4-1　分配型談判（distributive negotiation）**

贏輸談判
（win-lose negotiation）

零和競賽衝突
（zero-sum conflict）

立場堅持
（positional claim）

分配型談判

價值爭奪
（claiming value）

1. 對手評估你對談判延宕或僵局所付的成本愈高，對手的抗拒點（底線）將愈有力。如果對手了解你需要很快有項協議，並且不能拖延，他（或她）將利用這個利基，並壓迫取得更好的結果。期望將升高，並且對方將設定更多要求的抗拒點。你愈能讓對方相信你對談判延宕或破裂所付的成本是低的（你不著急並能一直等），則對方的抗拒點將愈合理。例如：在房屋買賣中，賣方如能表現出並不急於賣他的公寓，以傳遞他出價堅定的訊息。

2. 對手評估對談判延宕或僵局已定，自己所付出的成本高，對方的抗拒點則愈弱。一方愈需要協議，他（或她）所設立的抗拒點愈合理。因此，你愈能讓對手相信談判延宕或破裂所付的成本愈高，則他（或她）的抗拒點則愈合理。相反的，對方的替代方案（BATNA）愈具吸引力，則他或她設立高抗拒點的可能性愈高。如果談判不成功，對方能改變他（或她）的替代方案。例如在房屋買賣中，賣方藉著提到有好幾個人要求來看公寓，塑造他的替代方案更具正向性。

3. 談判者對談判議題愈不重視，他對抗拒點就愈低。當談判者降低他（或她）對議題的價值，就會軟化他的抗拒點。如你能讓對手相信現在的談

判立場不是你希望的結果，或現在的立場不是如同其他人相信的那樣具吸引力，那麼對手將會調整他們的抗拒點。例如在房屋買賣中，買方可以建議整修公寓是很好，但不符合他的品味。

4. 對手愈相信此議題對你的價值，他們的抗拒點將愈降低。你愈能讓對手相信你重視某一特定議題，你就可以對對手施加愈多壓力，以在此議題上設定愈合理的抗拒點。然而，知道此立場對對方很重要，你將期待對方抗拒放棄此一議題；所以，在議題領域內達成一項有利議題的可能性愈少。結果，你也許需要降低你的期望至愈合理的抗拒點。例如：在房屋買賣中，買方可堅持他喜愛的家電用品，並希望包含在交易中卻不提高售價。

### 防止在談判中受騙

要如何探知談判對手說謊是件不容易的事，我們認為這是件不切實際的保護構想。然而，我們可降低在討價還價中受到欺騙的風險，採取以下幾個步驟，可在談判開始前，曝露出對手的謊言或保護自己免受欺騙。

#### 在談判開始前

1. **在討價還價前**：每位談判專家都提出同樣的忠告：準備，準備，再準備。當第一次面對對手時，以及談判的代價是很高時，準備工作特別重要。準備工作包含兩大部分：研究對手的特性和真實情況，並構想談判中可能發生的情境。

2. **研究對手的特性和實情**：最少我們應該取得公開的資訊來了解對手是否有違法或違反善良商業的行為。也許最快的方法就是由谷歌大神（Google）或雅虎（Yahoo!）來搜尋，或者其他線上搜尋引擎。如果對對手的實情或動機起疑，要求對手提出公布私人信用記錄或個人歷史，以迫使對手作為談判夥伴的合法性。有些談判者不好意思要求此些資訊，因為這樣做好像不信任對方。這完全要看你如何提問。以禮貌的態度提問，再次保證你只是試圖

參考資料來源：瑜，「心理學家告訴你：人為什麼要說謊？如何判斷對方說謊了？」http://horo88.cc/6427。

建立信任，這樣通常都會抵銷一位誠實對手的負面反應。

3. **建立討價還價的特別規則**：在法律規定下，大部分的契約談判都以「公平交易」（arm's length transaction）為原則，這時參與談判的各方沒有特別要公開資訊的責任，並且各方都可追求自我利益。雖然各方並不是都可相互說謊，但談判者一般都沒有公開他們的祕密、關鍵性資訊的任何責任。這意味著代表石油公司的談判代理人或樂園的建商在購買土地時，都沒有義務要說明他們取得土地後的用途。然而，有些專家指出，有些談判參與者，應該考慮在談判前置期時簽署契約，以承諾他們自己會以更高的標準去進行談判，特別是他們也許會同意公布所有關鍵性資訊，放棄不合理的延遲和放棄對他方要求高難度的條款以迫使取得有利的結果。至少，這些將提供合理的保證，談判者不會刻意保留重要資訊（例如：在某人土地上有油源）。更多的是，一方可拒絕進入（當作他方計畫的消息或保留重要資訊）「善意談判」協議。

## 在談判進行中

一旦談判開始，有各種的方法發現謊言。即使謊言無法發現，談判當事人也可建立自我保護傘。

· 找出欺騙潛在的現象。即使有證據，也絕沒有可相信的說謊行為，事實是有些人是不高明的說謊者。我們應該小心地觀察對方以決定他們是否說謊，特別是監看他們臉上的表情。例如：一個熱情的人突然變得害羞，或一個沉穩的人變得坐立不安，這時對他們所說的話要特別小心，並採取額外的保護措施，是很重要的。

· 以各種不同方法提出問題。想要欺騙的人不一定直接說出謊言，這樣會被指控欺詐。取而代之的，他們對事實會閃避、躲避，左右搖擺，假裝他們所說的話是被誤解或不能挑戰的。例如：假設志明試圖要聯絡春嬌，然後向國豪要春嬌的電話，國豪只有春嬌的電子郵件，但沒有她的電話號碼，正確地應該說，他沒有春嬌的電話號碼。但為避免國豪只針對這個問題的回答，志明應該問國豪，他知不知道任何聯絡春嬌的方法。

同樣地，如果老張問老王他是否曾經被逮捕或曾被指控詐欺或偷竊，老王也許會生氣地回應：「我從未被犯過這些罪行」。這樣的回答也許解釋了他曾被指控詐欺，但從未被定罪過。在沒有要求老王回答老張對之前被捕的問題時，第三者阿花也許就被誤導了；是否法庭將發現老王誤導阿花是可探究的。有些法庭可能會站在老王有利的一方，相信老王，而進一步的真相是阿花自己要去找出的。

　　如果提問者不相信故事愈說愈明，提問者可用其他方法來問。提問者可以自己的語言綜合對議題的重點，並要求對手回答這樣說法「對」或「不對」，如果對手回答不是用「對」或「不對」的話回答，這時談判者就應繼續盤問對手。相反的，從對手拒絕回答有關土地所有權的問題時，談判者就應推論是負面的，並說「因為我無法得到你直接的回答，那我將推論你對這個交易還有未公開的利益。」

## 要求對手說清楚

　　如果在當事人感覺他方沒有愈說愈明的情境下，當事人應該迫使對方公開所有相關的資訊。這樣做，當事人需要求是否有任何實質的事實還未公開，實際上將事實說清楚。例如：張三強烈懷疑李四還隱藏了想買他房子的理由，但張三未能讓李四除了說出「有很大的商業發展可能」的購買原因以外的理由。在此點上，張三應試圖使用另外的方法，提出「對交易你是否知道有些重要的事，你沒告訴我」。如果李四否認任何張三之後可能發現的日後將建的高速公路已規劃將經過此區，張三也許將擁有對李四假訊息的法律追訴基礎。雖然李四也許並沒要告知的法律責任，但否認任何他擁有的資訊，可能造成隱藏欺騙的法律傷害。

## 對你已知道答案的問題提出問題

　　一項大家所熟知測驗真實性的方法就以你已知道的答案來證明。如果另一方以謊言回答，你就知道這涉及了誠實的議題。最著名的案例是1962年古巴飛彈危機，美國甘乃迪總統以飛彈的照片質問當時的蘇聯外交部長安德烈 · 葛羅米柯承認蘇聯在古巴設置飛彈。但葛羅米柯不斷地否認，使得甘乃迪生氣地下令封鎖古巴，並要求蘇聯移除飛彈。

### 談判時做筆記

在交易受阻後，衝突升高，要使一方實踐他在談判時能遵守簽訂合約時所做的陳述，是件不容易的事。談判專家通常對重要事務做筆記，以避免任何可能的模糊點。一方閱讀另一方所做的筆記並交還給他，並要求對方確認是否正確。其他作法可引入另一方作為討論的證人。

### 將書面的要求作為最後協議的一部分

如果另一方所陳述的事實是作為交易可接受的基礎，那就堅持將相關的陳述包含在交易的書寫文本中。例如：某家製造商也許並不情願向一些小零件供應商購買，因為擔心未來對小零件的需求。為向製造商保證，賣方可提供主要客戶多年次的購買承諾。但是，作為交易的條件，製造商應該堅持這種作為參考的承諾，要以書面表示。

### 以權變合約為保護

有時書面合約僅包含對方意願的聲明，引發了更多是否誠實的討論。然而，如果他方堅持原來的表述是正確的，一位具能力的談判者要能採取下一步：堅持在合約中放入「權變」條款，以提供對其表述可能是假的的保護。在權變條款中，簽約各方事先對結果彌補方法（如果某些特定的事情發生）做出同意。

「我知道你的行事風格，
你是那種我需要對你每項說法都要查證的人！」

# 5-2 整合型談判

## 一、定義

　　整合型談判為解決兩方或兩方以上的談判參與者,在多個相依且非互斥的目標上衝突的決策過程。此種類型的談判乃是建立在雙方存在一個或一個以上的可能解決方案,而這個解決方案可以讓雙方都得到比現狀更好的結果;或者存在各種具有不同交換或獲利比例的可能解決方案,但其中沒有任何一個可以讓雙方都得到比現狀更好的結果,但可以找到一個讓一方之犧牲最低的方案。談判者如何去創造雙方的最大利潤,此乃是可創造雙贏的談判,又稱為非零和遊戲(non-zero-sum game)。

　　不同於分配型談判,整合型談判以合作的角度來作考量,由於雙方在談判相關屬性存有不同偏好,使得每個談判議題均無法獲得自身的最大利益,但使談判雙方在尋求彼此最大價值區域。就賽局理論來說,整合型談判屬於非零和賽局,主要是使談判雙方創造雙贏的結果。所以整合型談判也被視為雙贏談判(win-win negotiation),非零和競賽衝突談判(non zero-sum conflict),問題解決談判(problem-solving negotiation),價值創造談判(creating value)。

## 二、整合型談判成功的因素

- ‧擁有共同的目標
- ‧相信自己有解決問題的能力
- ‧信任自己的立場以及他人的看法
- ‧合作的動機與承諾
- ‧信任及清楚明確的溝通
- ‧對於整合型談判動態的了解

　　因應強硬對手的方法,Lewicki, Saunders 與 Barry(2015)建議談判者有四種方法可以因應:

　　1. 刻意忽略:假裝沒聽見,開始另一個話題轉移對方注意力,或是要求休

息之後再進行討論

2. 認真討論：挑明告訴對方，你知道他的意圖，先談一談對方的期待，將「人」與「事」分開，也就是對人溫和，對事強硬，建議雙方以比較建設性的方法來談判。

3. 以牙還牙：談判者同樣可使出強硬手段作為回應，雖然這可能導致混亂，但卻能讓對方了解自己也有同樣強硬的能力，適用的時機在於對方試探你的決心與回應對方過分誇大的立場時。

4. 抬舉對手：在對方使出強硬手段前，設法與他們交上朋友，如果你能強調與對手共同之處，並且設法將困境通通推到其他因素，或是轉移注意力以預防對方手段。

在「分配」的談判型態下，談判雙方具有高度的衝突性；在「整合」的談判型態下，雙方則具有相當程度的合作性。但這兩種談判型態並不能概括所有的國際談判，因為介乎這兩種談判情況之間，還有許多不同程度的衝突性或不同程度的合作性的談判。Lax 與 Sebenius（1986）即認為每一個談判的過程裡都包含有分配談判（價值爭奪）與整合談判（價值創造），無論在具創意的問題解決方式下，能將資源增加多少，資源最後都必須面臨被分配的命運。Beriker（1995）則表示真實世界中的國際談判，都同時涉及分配與整合的策略與戰術。而 Putnam（1990）在檢視過去的研究後，也發現：(1) 分配型談判與整合型談判是互相包含的；(2) 談判大多開始於分配式談判，然後轉變成整合式談判；(3) 分配型談判與整合型談判的策略是互相依賴的。也就是，在實務運作上，國際談判以「單一類型」出現是很少的，真正的談判常是一種混合型的談判（motive-mixed negotiation），且會隨著時間與條件而改變。談判的類型可能由整合型談判轉移為分配型談判，或由分配型談判轉移為整合型談判。

　　美國哈佛大學談判研究中心學者 Fish 與 Ury 提出「實質利益談判法」，認為當對方堅持本身的利益不退讓時，必須要求採取公平的標準來決定結果，例如：市場價值、專家意見、習慣或法律等（羅竹茜譯，2005:21）。焦點並不放在哪一方要屈服，而是提出使雙方都能接受的公平解決方案。堅持使用客觀標準，可以為彼此的利益創造出最佳替代方案（BATNA）。

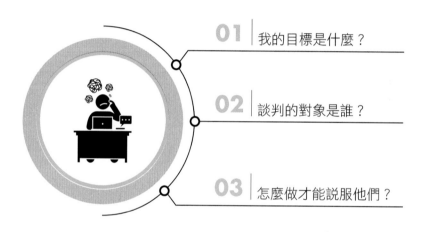

01 | 我的目標是什麼？

02 | 談判的對象是誰？

03 | 怎麼做才能說服他們？

Chapter **5**

合作型談判的策略與戰術：
擴大大餅

# Chapter 6

# 談判的流程

# 6-1 談判的階段模式

　　在我們探討談判的特定計畫過程前，必須先明白談判典型的步驟或流程，以瞭解談判如何展開、為何計畫如此重要。Holmes（1992）認為「階段模型對談判過程提供了敘述性說明：也就是構成談判中，各個事件的順序……一個階段是一段時間內連貫的溝通互動，即從爭端開始發揮解決問題之間的相關運作。」談判階段研究通常會探討三種典型問題（Holmes & Poole, 1991）：

1. 各方代表之間的互動會如何隨著時間改變？
2. 各種互動模式過程如何隨時間及談判者所提出的意見和結果相關聯？
3. 談判者所運用的戰術會如何影響談判的發展？

　　談判階段模型研究近幾年來顯著增加。這些研究包括實際觀察，或建議讀者依循能讓談判更有效的操作順序，如表 6.1 摘要了許多這類研究，許多模型大都符合開場（或開始）階段、中間（講價或解決問題）階段，以及結束（或決議）階段。然而，Holmes（1992）認為上述階段較可能是成功談判的描述。如 Holmes 指出：「不成功的談判不會按照此階段模型進行，通常會一直偏在中間階段，或是在開場和中間階段打轉，無法順利達成結論」。此階段模型或許有助於瞭解談判的過程，但若想要積極改善成果，可能需要更進一步的研究。對於談判事務的簡單描述並不足以改善談判的實際運作。

**表 6-1　談判的階段模式：名稱與內容**

| 階段 | 規範性模式 | 描述性模式 |
|---|---|---|
| 開始 | 探索<br>初步準備<br>判定<br>介紹及發展關係 | 建立談判範圍<br>搜尋場所、議程以及確認議題<br>界定議程和解決方案 |
| 解決問題 | 擬定期望、運作活動和發展<br>解決方案<br>定位、議價和探索<br>構思解決方案<br>釐清問題和發展關係、解決問題 | 探查談判範圍<br>探索範圍、縮小範圍、由最初提<br>案到最後議價<br>縮小歧異 |
| 決議 | 總結<br>協議<br>細節<br>形成方案 | 陷入決策危機<br>最後議價、儀式化、執行<br>測試、協議和實行 |

資料來源：修改自 M. Holmes "Phase Structure in Negotiation" 於 Linda L. Putnam 和 Michael E. Roloff（eds.）Communication and Negotiation（Newbury Park, CA：Sage, 1992）。

# 6-2 談判前置期（Pre-negotiation）

## 談判事前工作準備

　　一個優秀的談判者絕不會忽略任何準備工作中看來微小但很重要的工作。某種程度而言，談判的成功取決於談判的準備工作。做好談判的準備，對你將面對的人，將要討論的事，怎麼做是最好的方法等，做出事前思考是非常重要的事。好的準備將立即影響談判的開場階段，也就是為日後的會面定了調。一般而言，談判準備工作主要需達成：

- 對內：爭取內部共識與支持
- 對外：表達談判意願
- 確定談判的時間、地點、人數、議題範圍

　　具體準備的內容，包括：

### 1. 釐清談判議題

　　(1) 到底想談什麼？
- 面子、價錢、關係、市場、宣傳

　　(2) 決定問題的定義
- 將議題做「廣義解釋」，「掛」（link）進相關議題，例如：不談薪水，談待遇（包含薪水、福利、津貼、貸款、宿舍、交通、訓練機會等）

### 2. 排定議題優先順序

- must（一定要的）
- want（可要可不要的）
- give（做人情的）

　　注意：must, want, give 會因時間不同而不同。我們的 must 並不等於別人的 must

　　(1) 定義議題－解釋議題
- 從另一個角度看議題

- 將議題拆開
    - 「應不應該」或「要不要」、「目前」分開
(2) 利用所區分出議題的「抽象」和「具象」予以什麼時候操弄
(3) 區別議題的「立場」和「利益」
    - 「立場」是談判者所提出來的要求
    - 「利益」是之所以提出這要求的原因
(4) 區分議題和架議題－分開談或一起談
(5) 架構與組籌的安排

大多數的談判都是根據事先所制定的議程進行。掌握議程即掌握主動。避免對手藉議程控制你：

- 探索議程中，有哪些項目故意被遺漏
- 己方所絕對不能退讓之條件，不應讓它出現於議程上
- 留心議程中所羅列的談判對手是否與己方人員具有對等之地位。不要與沒有實權的人進行談判，因為他們欠缺決策權，而且他們參與談判主要目的，無非是逼你讓步
- 注意議程上所編排的談判時間與地點，是否對你不利
- 審視議程中所編排的談判程序，是否不利於你

## 3. 認清談判成員結構

## 4. 了解對方決策流程

## 5. 洞悉權力關係

## 6-3　談判的階段

### 一、談判前期（談判準備階段）

　　當雙方有意為自身利益進行初步接觸時，就是談判前置期的開始。這個階段是從雙方開始了解彼此的需求，評估進入談判流程的收益開始。雙方盡可能地蒐集彼此的資訊，像是談判的環境，是否有其他談判者介入，所造成的影響，是否有競爭者等。此階段主要議題是界定共同所要解決的問題所在，也反映出彼此的期望點，以及能幫助達成問題解決，彼此的承諾。

　　要在正式談判前做出完全的準備，雙方應注意下列兩件事：

　　「所屬的環境因素」以及「資訊的蒐集」。

　　環境因素包括政治，宗教信仰，法律的規定，商業的規則，社會習慣，財務狀況，基礎建設和氣候條件等。所以這些因素將直接、間接地影響談判的進行。

　　資訊的蒐集在某種程度上決定了談判的成敗。一般而言，資訊蒐集應包括市場，技術，政策，法律規定，以及對方的財務狀況。

　　另外在準備階段中也應包括下列幾項：

### 二、初次談判會議的準備工作

　　對彼此的第一印象將對談判的風格、進展及評估結果有很大的影響。第一回談判會議的準備對談判雙方都是重要的工作，應該以專業的手法來處理。

#### 1.航班，地面交通及行程問題

　　　即使是搭乘便利的跨洲國際航班也是件耗費體力的事，所以要搭乘最舒適飛機的投資是件智慧的決定。有時航空公司的選擇將對舒適程度有很大的影響，此種舒適將移轉至談判桌上的靈敏性。

　　　地主所提供的地面交通或訪問者所選擇的租用車輛將反映出公司的形象與市場定位。車輛的選擇如何？住宿的旅館？要與公司的形象與預算一致。

　　　交通狀況是全球日漸關切的問題。行程的安排需反映出交通的問

題。從旅館接送開始，安排行程的人是對此地交通壅塞程度資訊最可靠的來源。

## 2. 飛行時差，天氣及健康問題

在有 2 小時時差的不同時區移動，會造成問題，即使對有經驗的談判者而言。在有 14、15 小時時差的國際移動，可能會對談判過程造成破壞，甚至身體的健康問題。所以在到達後，不要同意立即開會，或者早到一天。編有比預定會議日期早到一天的預算，是項值得的投資。

適應當地的氣候也是準備工作的一環。氣候和議題研究是息息相關的。健康議題也同樣重要。瘧疾、痢疾、腹瀉是國際旅行中常碰到的事，將會對談判成影響。

## 3. 服裝問題

與天氣、健康、談判風格相關的議題是恰當合適的穿著。特別對訪問者需要做出在談判時要如何有整體的穿著，以便在談判進行時感覺舒適的研究資訊。移動前必須要將衣服送洗，任何皺紋，汙點，或不適當的穿著，將破壞你在重要談判時的地位。談判團隊成員應該在出發前獲取氣候以及文化衣著方面的資訊。這些事件要保持簡要與合適。

## 4. 飲食問題

有些商業文化特別將商業會議與餐會結合在一起。所以必須準備不同餐飲的新經驗。嚐一點就好，避免大吃大喝、放縱飲食，避免讓餐桌遠離了你的談判桌。主辦方應對訪問者特殊的飲食需求有所了解。這些需求也許是基於宗教或信仰（如酒，肉，乳製品的禁忌）。訪問者也有責任在到達前，將特殊的飲食需求告知主辦方。

## 5. 假日及宗教問題

談判應依照主辦方所在地的節慶及訪問者的需求來規劃行程。例如：邀請北京的公司於中國農曆年時到舊金山訪問，是件不明智的事。只有知道所有參加者的信仰或傳統節日，才會使談判流程不受到分心或打斷。

一定要考慮宗教上的需求。宗教上，例如：種族、性別、文化的偏

見，可能將摧毀整個談判。在訂出談判日程前，雙方都應對特殊需求做簡報。

### 6. 禮物問題

交換禮物是很多文化標準的動作，沒必要與賄賂混談。如果談判是在某種文化中舉行，來訪者應入境隨俗。因為忽視此種禮節，將顯示缺乏對對方的了解。可挑選體積小的禮物，因為要移動的關係，而且最好是與公司相關的禮物。在任何情況下，絕對不要贈送產自或購自主辦方當地的禮物。

### 圖 6-1　合約談判的範圍

**01 標的**
- 工作的型態（產品、勞務、技術）
- 規格／品質
- 交貨
- 其他

**02 價金**
- 成本
- 利潤
- 其他

**03 條件**
- 效力條件
- 交貨條件
- 付款條件
- 責任條件
- 免責條件
- 爭議條件

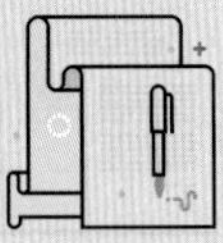

### 圖 6-2　商業合約談判階段

**01 決策階段**
- 董事會
- 經理級
　─市場開發
　─物料採購
　─工程
　─財務
　─其他

**02 計畫階段**
- 經理（企劃）
- 人員
- 談判（法律）
- 顧問
- 市場開發

**03 訂約階段**

**04 履約階段**

圖 6-3　商業合約談判階段

## 第一階段
技術和財務的理由
和批准

1. 組織談判隊伍
2. 資訊蒐集
3. 獲得初步許可

## 第二階段
邀請廠商提出計畫
及出價

1. 完成資料蒐集
2. 設定談判目標和目的
3. 建立法判目標優先順序
4. 起草初步談判立場說明書
5. 進一步的許可
6. 邀請出價廠商開會

## 第三階段
分析並談判對方的計畫
（技術、財務和法律）

1. 彙集最近談判立場資格
2. 談判目標及目的再評價
3. 獲得更進一步的許可
4. 設立談判區，進行談判

## 第四階段
批准合約，通知對方

1. 最近談判立場資料
2. 準備最後合約資料
3. 獲得最後許可及簽約
4. 準備和發送最後報告

## 第五階段
執行合約

1. 評估合約履行程度
2. 執行合約進行

# 6-4 設定談判議程

從溝通的觀點看,對談判流程的建構與控制的焦點是設定談判議程。談判議程包括談判議題的順序,以及主要談判方式,如哪些議題要首先討論,哪些稍後討論,哪些最後討論。不論議題是否合理,決定了整體談判的效率。

## 一、採取主動的角色

在國際談判中沒有設定的進行議程,是最浪費時間與金錢的作法之一。來訪的團隊採取主動的角色建構、會議議程,是很重要的一件事,因為很大的費用開支是由他們支應。很顯然地,來訪的談判者偏愛在抵達主辦方時,就有清楚的議程。

具經驗的談判者同時也知道主辦方盡可能依既定的議程進行,將使會議進行順利。具成效的方法既不會拖延談判流程,也不會有隨性的表現。

事前有周全與詳細的議題,對首次會議的氣氛是很重要的。客方希望有即時的行程在手,以便做適當正確的準備。銷售方會顯現急切的態度,而買方也要給予能立即做出決定的印象。缺乏良好準備的主辦方,將會造成客人具防備心,至少是短暫的心態。

## 二、客方與談判議程

需要仔細地與客方協調議程,是準備階段中重要的工作,特別是當客方是重要交易的對象時。很多主場接待方假設他們能自由支配談判對手的時間。因為這樣的想法,主場方必須要在客方談判者抵達前,將時間的支配很清楚地告知對方。這並不意謂主場方須告訴客方行程中的每一細節,只需告知與會議討論相關的事宜。

主場方必須記得,不是所有的客方都將社交活動視為談判的一部分,以致於過於熱情的接待而冒犯了客方。客方也許只希望如同在家一樣長的工作時間。因此主場方就需要盡可能尊重客方的希望。而客方也應認識到談判議程會讓他們產生疲勞,他們應盡可能地配合主場方所安排的社交活動。

談判議程應在抵達前由雙方共同計畫,並盡可能遵守已規劃的行程。依時間表走的行程,會使客方深覺滿意。

### 三、協商談判議程

談判中的一方或雙方都可能提出談判議程，或任何一方可能準備兩種議程：一般議程以及詳細議程。一般議程是提交給對方的，而詳細議程是給己方使用。

讓對方接受己方所擬定的議程，會讓己方占有有利的位置。你的議程包含了依你所解釋的內容，當然也包含了你的假設。然而，己方需記得你的議程已顯示你的主場，也許讓對方對你所想要討論的事項作出回應的準備。你也可在你提出你的議程前，不需聆聽對方的需求。但議程的提出要視為你談判戰術的一部分。

很多談判都被一紙印在制式表格上的議程，或僅是依序表列的議題所受限，不應該這樣發生。相反的，各種議題應被充分的討論，以致可發展出不同的策略。議題可表列出來，這樣，主要的議題可優先討論，避免浪費時間在不重要的議程上，可確保有足夠的時間討論重要議題，並期待當你可從這些議題獲得相對的讓步時，這些議題變得更重要。如果你首先揭露你主要議題，對手可能以次要議題來暫停對主要議題的討論，或引入其他因素來平衡你的主要議題。

不同的人可能有不同的安排。與其劃分主要議題與次要議題，不如規劃出覺得雙方可同意的條件或議題。基於這些同意，談判者可尋求協議，要求對某些議題讓步。例如：哪些是提及金錢的，哪些是非金錢的議題，以首先解決非金錢的議題。會商與同意法制中議程各方的問題是建立長期關係，與達成成功的第一步。即使談判雙方深具經驗，並願負擔合約中的法律責任，但談判過程中仍有人性的因素。事實上，有些時候關係為先，交易的品質反成次要。

### 四、提供社交便利

在某些國家進行談判，會有很多社交活動，如晚宴，雞尾酒招待會，或高爾夫球敘。對於當地的文化之旅，可在事前與主辦方磋商，並訂出行程。

工作的職責，特別是訪問團隊的職員，一定要被告知，並準備這些社交活動。談判雙方必須認知彼此均有與協商議題不相關的行程。沒有一方想尋求完全掌控另一方的時間，也沒有想做出讓對方拒絕尷尬場面的「出乎意料」的節目。

　　專業的談判者必須要準備放棄某些他們的自由時間，以配合主辦方某些社交活動。社交活動是談判的延伸，也是常被運用的策略。很多談判的得與失、成功與失敗，常在杯觥交錯間。

## 對談判對手的調查

對談判對手的調查是談判準備工作最關鍵的一環，如果與一個事先毫無任何了解的對手談判，會造成極大的困難，甚至會冒很大的風險。談判對手的情況是複雜多樣的，主要調查分析對方的身分、對方的資信情況、對方的資本、信用及履約能力、參加談判人員的許可權和談判目的等情況。

### 企業身分調查

首先應該對談判對手屬於哪一類型企業了解清楚，避免錯誤估計對方，使自己失誤甚至受騙上當。

1. 對待在世界上享有一定聲望和信譽的企業，會要求我方提供準確、完整的各種資料、令人信服的信譽證明，談判前要做好充分準備，談判中要求有較高超的談判技巧，要有充足的自信心，不能一味為迎合對方條件而損害自己的根本利益。這類企業是很好的貿易夥伴。

2. 對待享有一定知名度的企業，要看到對方比較講信譽，比較迫切想進入我方市場，技術服務和培訓工作比較好，對我方在技術方面和合作生產的條件比較易於接受，是較好的貿易夥伴。

3. 對待沒有任何知名度的客商，只要確認其身分地位，深入了解其資產、技術、產品、服務等方面的情況，也是我們很好的合作夥伴。因為其知名度不高，談判條件不會太苛刻，他們也希望多與強國合作，打出其知名度。

4. 對待專門從事交易仲介的企業，要認清他們所介紹的企業的資信地位，防止他們打著仲介的旗號，行欺騙的手段。

5. 對待接受庇蔭的企業，不要被其母公司的光環所迷惑，對其應持慎重態度。如果是子公司，要求其出示其母公司准予以母公司的名義洽談業務，並承擔子公司一切風險的授權書。

母公司擁有的資產、商譽並不意味著子公司也如此，要警惕了公司打著母公司招牌虛報資產的現象。如果是分公司，它不具備獨立的法人資格，公司資產屬於母公司，它無權獨自簽約。

6. 對待各種騙子型的企業，我們一定要調查清楚其真實面目，謹防上當，尤其不要被對方虛假的招牌、優惠的條件、給予個人的好處所迷惑，使自己誤入圈套。

**談判對手信用調查**

對談判對手進行信譽狀況的調查研究，是談判前準備工作極其重要的一步。缺少必要的信譽狀況分析，談判對手主體資格不合格或不具備與合約要求基本相當的履約能力，那麼所簽約的協定就是無效協定或者是沒有履行保障的協定，談判者就會前功盡棄，蒙受巨大損失。

對談判對手信譽狀況的調查，包括兩方面的內容：一是對方主體的合法資格；二是對方的資本信用與履約能力。

1. 對企業合法資格的審查

商務談判的結果是有一定的經濟法律關係的，參加一定的經濟法律關係而享受權利和義務關係的組織或個人，稱為經濟法律關係主體。作為參加商務談判的企業組織必須具有法人資格。

法人應具備三個條件：一是法人必須有自己的組織機構、名稱與固定的營業場所，組織機構是決定和執行法人各項事務的主題。二是法人必須有自己的財產，這是法人參加經濟活動的物質基礎與保證。三是法人必須具有權利能力和行為能力。所謂權利能力是指法人可以享受權利和承擔義務，而行為能力則是法人可以透過自己的行為享有權利和承擔義務。滿足了這三方面的條件後，在某個國家進行註冊登記，即成為該國的法人。

對對方法人資格的審查，可以要求對方提供有關條件。如法人成立地註冊登記證明、法人所屬資格證明、驗看營業執照，詳細掌握對方企業名稱、法定地址、成立時間、註冊資本、經營範圍等。還要弄清對方法人的組織性質，是有限公司，還是無限責任公司，是母公司、子公司或分公司。因為公司組織性質不同，其承擔的責任是不一樣的。還要確定其法人的國籍，即其應受哪

一國家法律管轄。對於對方提供的證明文件，首先要透過一定的
手段和途徑進行驗證。

　　對企業合法資格的審查，還應包括對前來談判的企業代表資
格或簽約資格進行審查；在對方當事人找到保證人時，還應對保
證人進行調查，了解其是否具有擔保資格和能力；在對方委託第
三者談判或簽約時，應對代理人的情況加以了解，清楚其是否有
足夠權力和資格，代表委託人參加談判。

2. 對談判對手資本、信用及履約能力的審查

　　對談判對手資本審查主要是審查對方的註冊資本、資產負債
表、收支狀況、銷售狀況、資金狀況等有關條件。對方具備了法
律意義上的主體資格，並不一定具備很強的行為能力。因此，應
該透過公共會計組織審計的年度報告、銀行、資信徵詢機構出具
的證明來核實。

　　透過對談判對手商業信譽及履約能力的審查，主要調查該公
司的經營歷史、經營作風、產品的市場聲譽與金融機溝的財務
狀況，以及在以往的商務活動中是否具有良好的商業信譽，避免
公司存在著某些對國際商務活動中風險和信用認識上的誤判，如
「外商是我們的老客戶，信用應該沒問題。」；「客戶是朋友的
朋友，怎麼能不信任？」；「對方企業是大公司，跟他們做生意，

令人放心。」等。針對這些誤解，「對老客戶的資信狀況也要定期調查，特別是當其突然下大訂單或有異常舉借時，千萬不要掉以輕心」；「防人之心不可無。無論是何方來的大老闆，打交道前先摸清底細；信譽好的大公司不一定能保護其屬下的公司也有良好的信譽」等。

3. 了解對方談判人員的許可權

　　談判的一個重要法則是不與沒有決策權的人談判。要弄清對方談判人員的許可權有多大，對談判獲得多少實質性的結果，是否有重要影響。不了解談判對手的權力範圍，將沒有足夠決策權的人作為談判對象，不僅浪費時間，甚至可能會錯過更好的交易機會。一般來說，對方參加談判人員的層級愈高，許可權也就愈大；如果對方參加談判的人員層級較低，我們就應該了解對方參加談判人員是否得到授權？對方參談人員在多大程度上能獨立做出決定？有沒有決定是否讓步的權力？

4. 了解對方的談判時限

　　談判時限與談判任務量、談判策略、談判結果都有重要關係。談判者需要在一定的時間內完成特定的談判任務，可供談判的時間長短與談判者的技能發揮狀況成正比。時間愈短，對談判者而言，用以完成談判任務的選擇機會就愈少，哪一方可供談判的時間愈長，他就擁有較大的主動權。了解對方談判時限，就可以了解對方在談判中會採取何種態度、何種策略，我方就可制定相應的策略。因此，要注意蒐集對手的談判時限資訊，辨別表面現象和真實意圖，做到心中有數，針對對方談判時限制定談判策略。

　　了解對方談判人員其他情況，要從多方面蒐集對方資訊，以便全面掌握談判對手。比如，談判對手、談判團隊的組成情況，即主談人背景、談判團隊成員的相互關係、談判團隊成員的個人情況，包括談判成員的資歷、能力、信念、性格、心理、類型、個人作風、愛好與禁忌等等；談判對手的談判目標，所追求的中心利益和特殊利益；談判對手對己方的信任程度：包括對己方經營與財務狀況、付款能力、談判能力等多種因素的評價和信任程度等。

# Chapter **7**

# 談判的各項準備工作

如果你知道將在一個月之內會與你的談判對手坐上談判桌，你如何準備此場面對面的交會？你可預見你對手的策略嗎？你如何應對？這些並沒有簡單的答案。然而，如同在學校常說的一句話：「做功課」。這需要密集短期與長期的準備及訓練，以達到成功的結果。無論是何種議題的談判，成功的談判都來自於直接與平穩的執行與帶來巨大的經濟與社會利益相關。所以，可行性研究與預期結果也應包含在談判的準備工作中。

## 一、設定談判目標

任何談判都依其目標來規劃。目標是談判的先決條件。只有在明確，特別是非關個人，與可行的目標指導下談判，才能有積極的地位。如果目標不清不楚，甚至盲目，那就意味著不可能有成功的談判。目標也需富有彈性，能隨機應變，獲勝的可能性就比較大。

設定談判目標的主要關鍵：

1. 在此次談判中，誰（Who）會受益？誰（Who）會受到影響？
2. 我們尋求最大與最小的目標是什麼（What）？
   最小的目標意謂此項目標或收益，我們將絕不放棄，另一句話的意思是沒有談判的空間。最大的目標意謂此項目標或收益在某些重大條件下，我們可放棄。
3. 我們什麼時候要結束談判（When）？
4. 什麼地方最適合我們進行談判（Where）？
5. 為什麼這個買方會選擇我們進行談判，是否對我們可展現談判力量（Why）？
6. 我們要讓步多少？我們要對方讓步多少（How）？

在談判不同階段，目標會不同。這些目標一般而言，可在一次談判中來進行，或需要更多的參與者。目標訂得太嚴格會導致談判的破裂。

制定目標後，要有準備不同的備案方式，以因應改變的流程，因為談判的期望，會隨著環境的改變而改變。學習處理談判的目標，如同處理風吹的條件一樣。強壯的樹常需與風勢妥協。同樣，風箏也能藉著風勢，節節升高。

## 二、確定談判議題與談判定場

任何有關不同意的議題，都可以納入談判的議題。也就是就許多議題而言，一方採取堅定的立場，另一方採取負面的立場。談判議題應切實際，對界定判斷不實際的議題是很困難的。與其我們就我們的需求談判，不如應該試圖就我們談判的問題去談判。我們的需求只是對問題的一項解決方法。也許有其他的解決方法。在談判過程中，我們也許希望改變談判立場。

當另一方作出承諾或訂出某些限制，處理的方式之一是忽視它，而不是了解它。另一方式是做出輕鬆地聊天或一則笑話，因為嚴肅的對應可能導致失敗。幽默在談判中能發揮重要的功能。

也就是説，你的談判立場應該既隱藏也公開，當談判持續進行，每方都應有不同的讓步。做出這樣回應的動機因素是拋出原則或先置條件給對方處理。

每項談判立場是所有涉入的議題的總和。有些談判有很多議題，有些議題比其他議題範圍更大。為了要解決更大、更重要的議題，有些被認為是小的議題，可能就消失或被解決了。隨著事實的發現有了新的事證，一方對某一議題的身段也許會改變，那立場也會改變。

## 三、談判的開場

好的談判氣氛最好能在談判一開始就形成。雙方應捉住第一次會議的場合，作出自我介紹及被介紹。要以優雅的態度、清晰的口語表達，造成誠懇、自然，與和藹的印象。這會幫助拉近雙方的距離。

這裡沒有對會議的開場及進行設立嚴格的規則，但有幾項建議。依有經驗談判者的忠告，可在會議開始時説一些完全與談判主題不相干的話題，像是天氣，運動新聞，娛樂，八卦，世界新聞，社會新聞，以及雙方可分享的個人經驗等。有些建議講些幽默的故事，可緩和緊張的氣氛。創造友善及和諧的會議氣氛能產生更好的溝通。如果談判雙方來到談判室，缺乏這種溝通與氣氛，彼此防衛心態會自然而起。也會感覺有很大壓力。結果可能是對任何提案都不退讓，並持續維持對抗心態。剛一開始的友善氣氛也不見了。如同一句諺語：「好的開始是成功的一半。」所以在會議開始前，花些時間創造正向的會議氣氛是必要的，也被證明有很好的效用。

對談判的開場詞也有一般性的原則，那就是讓參與談判的各方都有些收

穫，你對目標的態度，你如何傾聽及評估所有的可行方案與建議。同時你也可為對方設定些可收穫的有利方法。

## 四、談判地點與食宿選擇

應該在你的辦公室，或你的主場地區？或到你的對手主場地區去談判？一般而言，在自家的主場談判，會讓你表現得比較好。研究顯示，當談判在你辦公室或對方不熟悉的場地，你會在談判中表現得很好。原因是談判者在自家主場需較堅持，及自信。相反的，在客場的談判者也許會覺得有較低附屬的地位，產生出比主場主人較少的主動行為。

但每方都會有優勢。每次新的談判都虛心地不同的思考。如果談判是在你的主場進行，你可有以下的優勢：

1. 也許能讓你得到原本無預期的同意。
2. 可阻止對手提早結束談判走人，這如在他的主場，他也許會這樣做。
3. 你在主場處理談判時，你也可以處理其他事物，並得到自己辦公室設施的支援。
4. 對方來到你的主場，可給你地理位置上有利的狀況。
5. 可節省你的經費開支與旅行時間。

到對方的主場去談判，也有幾項有利之處：

1. 你可全心全意地集中在談判上，而不被你辦公室事務打擾分心。
2. 你可保留某些資訊，聲稱無法及時拿到。
3. 你可以向對手的上級進行訴求。
4. 對方須負起談判的準備工作，也要處理其他日常的事物。

如果這些狀況都沒發生，或如果談判不可行，或對手非常堅持，那麼可選擇到一中立的、雙方都沒有心理優勢的地方舉行。

食宿的選擇將對己方的形象有直接的影響。如果主辦方為對手選擇中低價的旅館，就顯示出他們要求的標準。富客方選擇民宿，也就反映出他們的經濟狀況，不炫富。食宿的安排要保持簡單與適當。

會議室是談判過程中重要的一部分，可以運用為整體策略的一部分。主場方一般而言，都會決定在己方場地會面，但有時會發現自己缺乏設備。到客方

的旅館進行會議，通常雙方都可接受，雖然這會將主辦方負責場地設備的責任移轉。客方可發現由中立的場地可得到助益，因可使他們控制會議的時間與進度。

## 五、談判場地布置

舒適的會議設施也常是主客雙方對談判會議必須關切的問題。如果你是主場主人，你應對安排談判外在環境確保舒適，放鬆的氣氛以降低緊張，衝突張度與競爭本質對談判參與者都會感到壓力。座椅，會議桌，冷氣狀況，飲料供給，點心服務，燈光，噪音控制以及洗手間內的設施，都將對談判品質造成影響。即使允諾在會議中抽菸，可能對會議造成負面的效果。談判者有些是老菸槍，是否對尼古丁過敏，都應列入考慮。

有些城市是禁止在室內抽菸的。其他設施如投影機，電腦，網路通暢，電話系統，電壓轉換的需求，殘障者設施等，談判雙方都應在會議前進行檢視。同樣的，傳真，複印，祕書服務等需求提供，也應在會議前檢視。對這些設施與服務的費用，也應在會議前納入預算。

不是所有的設備都如同在自家操作的一樣，或在公司所需的服務與設施都是免費的。談判會議事當然需要必要的設施——電燈，冷暖氣，隔音設施。

最大的爭議點在於傢俱及房內布置位置。談判者會覺得如果與對手間沒有會議桌相隔，好像是不設防一樣。但是要哪種會議桌？四方型桌或典型的會議桌？會議桌的形式將導致彼此間座位對立，產生出直接實體對立的感覺。

當談判者坐在圓形的桌子時，他們會有不同的感受。在對談判者調查中，顯示大部分談判者對圓桌比四方或方型桌更感覺自在及產生更具建設性的談判結果。

當談判參與者感到輕鬆及相互合作氣氛時，每方談判隊伍的談判者也許會坐到對方談判者的中間去。但這可能在暫有的座位安排下，唯一正式的反應。

當談判過程愈具衝突時，很自然的，談判各方會各自在談判桌一角聚在一起，形成對立的場面。這有心理的，與實務上的原因。心理的因素是「團結起來對抗他們」的心情。實務上，每一方都希望藉由書面文件阻擾對方，或他們希望坐在一起，這樣他們彼此間可傳遞紙條訊息。

但是做出中間休息是需要更多技巧的，不論是檢視私人文件或與同事處理彼此間的溝通。然而這些動作應是要與對手來做交換，而不是私人間的交換。

談判桌的形狀很重要，桌子的尺寸大小也很重要。談判者或談判團體也許都需要維持彼此間舒適的距離。如果談判者坐得靠近些，那麼談判氣氛就變得溫暖些，如果他們坐得太靠近，那麼他們變得不自在，形成爭論升高。另一方面而言，分得太開，談判者間變得距離太遠，彼此討論會變得太形式。

因有些會議的需求需要大的房間以容納所有的設施；適當的冷氣，排菸，及合適的桌椅。但如讓談判者昏昏欲睡的不舒適，或因不舒適使他們希望早點離開，對雙方會解釋細節而使用視覺輔助，任何時候都準備好的各式飲料。除了這些，能提供給對方事前會議和中間休息時的小房間或專屬區域，會是種特別的禮遇，並有如電腦，電話或傳真機以方便對外聯繫的設備。

在布置交涉座位方面，彼此之間最好不要相隔太遠，但也不要間隔太近。依照出席人數的多寡，各有不同的布置方式。如前文所述，沉穩、柔和的聲音最適用於交涉之中，因此，在布置座位方面，以聲音傳達令對方感到舒服的距離最適宜。如果出席人數眾多，就以會議方式進行，但是人數較少時，在接待室進行即可。這兩種情況的布置方式大不相同。例如：以會議方式進行交涉，與其座位間隔太大，倒不如採取間隔一個座位左右的距離來布置，如此一來，聲音傳達適中，彼此間的親密度加強，不易產生疏離感。

在燈光照明方面，背光的位置較有利交涉。背對著燈光或是窗戶，可以看清楚對方的表情，然而對方卻不容易看清己方的表情。另外，從心理學的觀點來說，燈光來自正面、與來自背後，後者令人顯得高大，較具威嚴，因此看起來自然是較占優勢。依照交涉情況的不同，有時未必每次能夠選擇到背光的位置，或許有些時候，對方取得背光的位置也不一定。如果太過於依賴位置的好壞，迷信面光位置不利於己，而有了先入為主的觀念，容易造成心理上已經輸了對方一大截的感覺。

另外，參加在接待室所舉行的小型交涉會議之際，盡量不要坐在正對著對方的位置。就心理學的觀點而言，人們會不自覺地對著首當其衝的事物，把持著強力的反抗意識。在布置座位時，盡量採取斜對面的角度，如此才不置於激起對方的反抗意識，甚至影響了交涉的正常運作。

桌椅的擺設方式對於交涉也有很大的影響。例如：出席人數洽成複數，因此採取一對一、面對面的擺設方式，或許由於心理作用、會使雙方不自覺地採取敵對的態度。但是，如果採取圓桌，則情形又大不相同，交涉雙方在不知不覺中會產生共同一體的感覺。如果情況允許，在出席人數眾多的交涉場合，不

妨把座位布置成圓形或是橢圓形,這是較適合交涉的。

談判房間的布置包括談判桌的選擇和談判座位的安排。其中,談判桌的選擇通常有以下三種選擇方式:

## 1. 方形談判桌

使用方形談判桌,一般情況下,雙方談判人員是面對面而坐,會給人以正規、過於嚴肅而不太活潑的感覺,有時甚至還會有對立面的氣氛,而且雙方交談起來並不方便。各居一方而坐,會使談判氣氛變得緊張。當然,其又有有利的一面,即各自的談判人員在心理上會有安全感和實力感,同時便於己方交流訊息。

## 2. 圓形談判桌

使用圓形桌談判,雙方談判人員團團坐定,形成一個圓圈,常常給談判人員一個雙方共同一致的印象,而且彼此交談變得方便和容易,這很有助於創造一種和諧一致的談判氣氛,同時可以消除對立情緒。

1969 年在巴黎舉行旨在儘早結束越南戰爭的談判時,談判桌的形狀竟然也成了會談的障礙。因為參加會議的四方代表的座位安排,體現著四方代表的地位問題,因而在如何安排四方代表的座位問題上引起了爭論。最後決定採用橢圓形談判桌,才使這一問題得到解決。

各方談判代表如此重視談判桌的形狀,絕不是一種吹毛求疵的行為,因為這涉及談判各方的座位次序問題,是一個比較突出而敏感的界域問題。如何安排談判各方的談判座次,選擇什麼形式的談判桌,是談判界域選擇的一個不可忽視的問題。一般情況,談判座位的設置圍成圓形,不分首席,適合於多邊談判,圍成長方形,則適用於雙邊平等談判。

## 3. 不設置談判桌

在雙方談判人員不多的情況下,不使用談判桌,大家隨便坐在一起,輕輕鬆鬆地談生意也不錯。有時,沒有使用談判桌的談判效果也很好,能增加友好的談判氣氛。但是,在比較正式的談判中,還是要使用談判桌。

談判座位的安排,通常有三種情形:

## 1. 雙方人員各自坐在一起

通常雙方這種座次的安排比較合適，特別是當雙方出現爭議時，雙方人員各自坐在一起，不僅從心理上產生一種安全感，而且還便於查閱一些不便於讓對方知道的資料。當然，在談判桌旁的竊竊私語和傳遞紙條也不太好，往往會引起對方的懷疑。因此，在遇到某種新情況需要研究時，最好建議休會，然後於休會期間在己方的密談室相互溝通情況，交換意見。

## 2. 雙方人員交叉而坐

在謀求一致的談判思想指導下，這種座位安排往往能增添合作、友好、輕鬆的談判氣氛。一般適合於不太正式、不太嚴肅的談判場合。

## 3. 任意就座

一般情況，這種就座方法對於談判雙方而言難以實現有效的控制。如果對某些談判成員的過分舉止和言詞無法進行控制，談判可能會陷入混亂。當然，如果某一方事先對此毫無準備，就很容易亂了陣腳。但是，如果參加談判的人員老練、精明、胸有成竹，並在談判前建立了一種有效的信號控制體系，以便隨時根據情況發出指令，從而有效地控制局勢，那麼完全可以採取這種方式。或者在小範圍內，當雙方是長期往來的客戶或是雙方關係十分友善，使用這種座位安排方式，更利於形成以誠相待、開誠布公的熱烈、友好的談判氣氛，常常會促使雙方達成交易，取得良好的談判成果。一般情況，商務談判時，雙方應面對面而坐，各自的組員應坐在主談者的兩側，以便互相交換意見，加強其團結的力量。而商務談判通常用長方形的條桌，其座位安排有兩種：

若以正門為準，主方應坐背門一側，客方則面向正門而坐，其中負責人或主談人居中。我國及多數國家習慣把譯員安排在主談人的右側，即第二個席位上，但也有少數國家讓譯員坐在後面或左側，這都是可以的。若談判長型桌一端向著正門，則以入門方向為準，右為客方，左為主方。其坐序的安排也是以主談者（即首席）的右側為偶數，左側為奇數，即所謂「以右邊為大」。

如果沒有長型桌，也可用圓形桌或方形桌，以上座位的安排，目前在國際上已基本通用，因此，在安排座位時也應該盡可能地遵照這一慣例。

不僅談判桌的形狀和談判人員座位的安排很重要，甚至對雙方談判人員座位之間距離的遠近也需要考慮。如果排得太靠近，雙方人員會感到拘束、不舒服；排得太遠，又會有疏遠的感覺，而且交談時不方便。一般情況，座位排得

有一定的（適宜的）距離，寧可坐近些，以便產生一種親密的交談氣氛。

　　總之，談判房間、談判桌及座位的安排的選擇，要因地、因人、因事制宜，要服從於談判戰略的總目標。否則，脫離了談判戰略的總目標和具體情況，只極端地強調細微問題，是毫無實際意義的。

　　大型會議的目的決定會議安排，圍繞一張桌子安排一群人就座時，用兩種形狀的桌子，有三種基本的選擇。

**圖 7-1** 1991 年中東和談座位圖

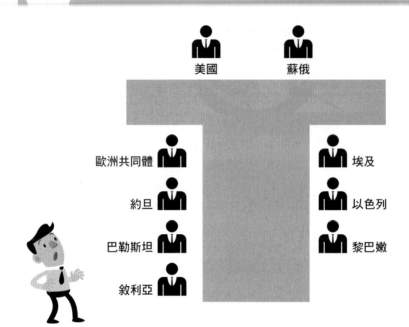

**圖 7-2** 雙邊團體談判的座位安排

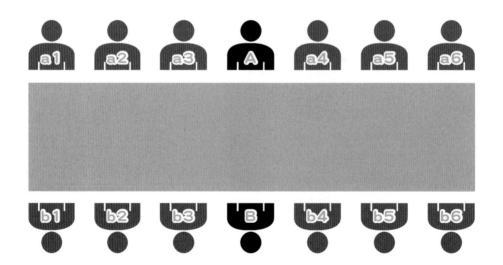

圖 7-3 雙邊團體談判的座位安排

圖 7-4 圓圈型座位安排

註：方形為茶几。

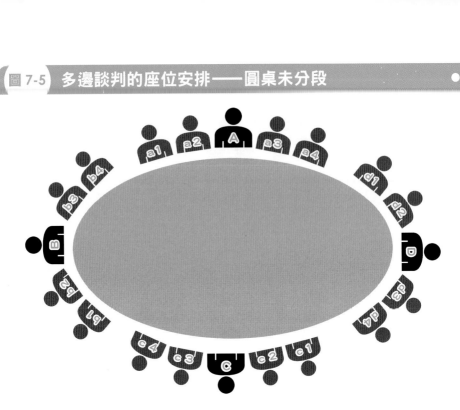

圖 7-5　多邊談判的座位安排——圓桌未分段

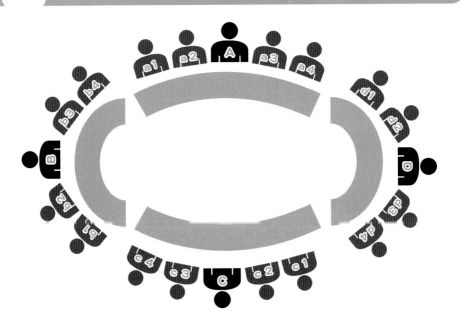

圖 7-6　多邊談判的座位安排——圓桌分段設置

### 運用策略來排座位

1. 主席坐的位置決定了其他座位的意義。習慣上，主席位置在長桌的頂端，其右手座位是最優先的位置。但並不一定要這樣排座。

2. 策略性排座是以與會者會受其鄰座的影響這個假設為考量的。確定你想從會議得到什麼，然後透過安排座位而達到目的。

3. 對於有爭議的問題，透過座位安排把派系分散開，避免讓觀點相反或觀點十分相似的人相鄰而坐，這樣做可使觀點涇渭分明，並防止討論離題。

4. 可根據你了解和分析的與會各人對所要討論問題的觀點，來構劃座位安排圖。

5. 目光接觸對於向自己團隊的成員表示下一步將做什麼，是很重要的。想一想誰應該能夠與誰進行目光接觸，相應地安排人們的座位。

如果會議沒有正式排座位，可觀察別的與會者坐的位置，相應地選擇你自己的座位。某人坐的位置可能顯示他對所討論的問題的感覺以及他想在會上起什麼作用。談判座位優勢：(1) 坐在面向門的那側；(2) 主席的側邊，而且愈接近會議主席愈好；(3) 若主席常徵詢意見則坐主席邊，愈接近會議主席愈好；(4) 應該避免的位子是無法目視到會議主席的位子。

---

**圖 7-7　分散對抗 —— 座位問題**

畫一張座位安排表，以與會者對即將討論的最有爭議的問題的觀點為依據，這會有助於分散與會者在這一事項上的對抗性。

意見未定者　　意見未定者　　反對者　　意見未定者　　支持者

----> 視線

支持者　　反對者　　主席　　支持者　　反對者

圖 7-8 分散對抗──座位安排

1. 意見未定者看著主席尋求引導。

2. 反對者坐在主席對面,在討論中起很大作用。

3. 意見未定的與會者可清楚地看到和聽到全部觀點。

4. 動議的支持者坐在其他支持者的斜對面,可以直接看到其他支持者。

意見未定者　意見未定者　反對者　意見未定者　支持者

5. 動議的反對者被支持者的座位隔開。

支持者　反對者　主席　支持者　反對者

9. 支持者可以影響那些反對者。

8. 反對者坐在主席旁邊以「平衡」會議桌。

7. 主席與大部分與會者,尤其是意見未定者,保持目光接觸。

6. 支持者在這個位置上有利於把情況傳給意見未定的出席者。

　　此外,強硬的反對者可能會選擇靠近主席的位置,向全體與會者發號施令。

　　坐在中間可能提示希望充分參與、或對會議桌那邊的討論起支配作用。如果你是主席,盡力勸說聲音最響、最直言不諱的人坐在你的正對面。

　　總而言之,談判的進行,可分成下列不同階段,每階段的重點中心工作,整理如下:

### 1. 準備階段(preparing)

### 2. 辯論階段(arguing)
　　－理智而建設性＞情緒而破壞性
　　威脅,承諾,既威脅又承諾
　　利益擺中間,立場擺兩旁

## 3. 暗示階段（signaling）
－用暗示跳開辯論
　多聽少説
　接收與修正雙方的暗示

## 4. 提議階段（proposing）
－用比較肯定的語氣和用字提議
　掌握好原則，在細節上要有彈性
　剛開始的讓步要小，條件要多

## 5. 配套階段（packaging）
－用不同的變數加以組合
　運用創意整合雙方的利益，製造各種配套
　隨時尋找新的變數
　在主議題上追求雙贏，在次議題可以零和

## 6. 議價階段（bargaining）
－肯定的提議
　所有議題一起談
　每一個交換都要有代價，每一個讓步都要有條件

## 7. 結束階段（closing）
－總結式，威脅式，選擇式，讓步式，休會式

## 8. 簽署階段（agreeing）
－各種協議文件形式

## 談判檢查表

　　雖然每個談判都各自有其不同的目標、技巧和成功的判斷標準。因為每個談判情境都有高度的複雜性，一個談判者必須能夠在各種和談判的本質及技巧有關的混亂因素間取得平衡，也就是若由一個更高層、更具策略性的層次來看，以系統性方式確保你在下次談判前有十足的準備：

☑ **檢視每個項目後，如已完成則打 ✓**

　A.**關於自己**

　　□ 1. 什麼是你此次談判最終目標？

　　□ 2. 此次談判涉及哪些議題？

　　□ 3. 每項議題對你重要性的優先順序

　　發展評估對方提案的評分系統：

　　□ 1.1. 列出所有重要的議題

　　□ 1.2. 將議題重要性的優先順序列出

　　□ 1.3. 對所有的議題給予權重分數

　　□ 1.4. 列出對每個議題的討價還價區。你對現實狀況的評估，最高，最低的期望都要基於產業基礎和你最希望的結果。

　　□ 1.5. 對每一議題可能的結果，給予不同分數

　　□ 1.6. 重複檢視你評分標準的正確性

　　□ 1.7. 用評分體系去衡量談判桌上任何的要求

　　□ 4. 什麼是你的「談判協議最佳替代方案」（BATNA）？

　　□ 5. 什麼是你的抗拒點（在談判結束前，你願意接受的最壞協議）？如果你的 BATNA 很模糊，思考找出你可能接受的最低條款

　B.**關於對手**

　　□ 1. 談判每項議題對他們的重要性（加上對手所增加的新議

題）？

□ 2. 什麼是他們的最佳替代方案（BATNA）？

□ 3. 什麼是對手的抗拒點？

□ 4. 基於前三點後，什麼是你的談判目標？

## C.談判情境

□ 1. 有談判截止日期嗎？哪一方較更有耐性？哪一方較不具耐性？

□ 2. 什麼是公平點或參考點？

□ 3. 什麼主題或問題你希望的？如果對手提出，你將如何回應？

## D.談判參與者間的關係

□ 1. 彼此間會再舉行談判嗎？如果會，你會考慮現在所使用的每項策略、戰術或行動，會有怎樣的結果？

□ 2. (1) 你能信任對手嗎？你對對手了解多少？

(2) 你的對手信任你嗎？

□ 3. 你了解對手的談判風格和戰術嗎？

□ 4. 對手的權力有何限制？

□ 5. 與其他談判參與者事先商討談判的議程

# Chapter 8

# 談判的讓步

　　我們經常在文章中看到這樣的話：「如果你的目標定得高，你的成就也就會更大。」人們在生活中經常抱有這樣的觀念。要是把這種觀念應用到談判中，把談判的目標定得高一點，結果會怎麼樣呢？美國有兩位教授對這個問題作過一次實驗。他們在作為買方和賣和的兩組學生之間設了一道屏障，使雙方無法對視，討價還價是在桌子底下用字條進行的。實驗者對兩組的指示是一樣的，只有一點不同：其中一組所接到的是「以 7.5 元成交」的指示，而另一組所接到的則是「以 2.5 元成交」的指示。實驗的結果是：被指示以 7.5 元成交的那組以將近 7.5 元的價格成交，而被指示以 2.5 元成交的那組則以將近 2.5 元的價格成交。從這個實驗中可以看出起價定得高，成交價也高，起價定得低，成交價也就低。另外還有一個實驗，這個實驗的對象不是學生，而是專業人員，採取的方式是面對面，一個對一個或一組對一組的進行。實驗者讓每個人在自己的期望下進行交易，結果也證明了：期望較高的人總是得到較好的結果，期望較低的人則往往願意以較低的價格成交。

　　於是，我們也就有了談判之中的高起點策略，其要點是：減價要狠，讓步要慢。藉著這種作法，談判者一開始就可削弱對方的自信心，同時還可以趁機試探對方的實力並確定對付對方的立場。

　　然而，談判中最可能犯的錯誤是：你把目標訂得太高，以致忘了規劃接下來的應對之道。你以為「不管如何，我們能得到想要的，何必談什麼讓步？」就這樣，你在還沒開始談判時，就把自己圈在死角了。然後，當談判開始，你自信十足地以提出一個貪心的、理由不怎麼充足的要求，展開談判。你把它丟到桌上——「這就是我們要的！」（你已經很自信地猜測對手想從交易得到什麼——事實上，你甚至比他們更清楚什麼對他們最好。）當你的對手建議你降低條件時，你的反應是「退一步？我？你休想耍我！」你因而進退失據，無法達成協議。

# 8-2 讓步面臨兩個困境

談判亦可被定義為不斷調整的過程，也就是基於各方評估讓步所必須付出的代價後，所進行一步一步地調整。讓步（concessions）是談判動態過程中重要部分，原因是談判者相信他們的讓步行為會誘發對方互惠的讓步。但也會陷入一個談判者的困惑：讓步大，可使得協議容易達成，但談判結果會遠離原先自我的目標；讓步小，談判結果會接近自我的談判目標，但協議不容易達成。也就是會陷入「談判者兩難」的困境（negotiator dilemma）：

**第一個是誠實的困境**：你若告訴對方所有的情況，可能讓對方占你便宜，但不告知對方你的需求，可能使談判陷入僵局。

**第二個是信任的困境**：同樣地，要相信對方的話多少，也同樣陷入難以判斷的困難。

讓步的本質和大小，給予談判者主要的效用資訊以及對對手的認知。而談判者也會使用讓步，設法誤導他們真正的意圖和偏好。對讓步行為有兩種不同認知：

1. 讓步是善意行為（goodwill）：此種看法需要有互惠性的行為（reciprocation）。
2. 讓步是懦弱（weakness）的表現：因為讓步導致對方升高期望空間，引發對方更強硬的行為。

但基本問題是在什麼樣的狀況下，會出現這些反應。實驗顯示互惠行為都在當有明顯可用的解決方案存在時，或是在其他行為者非常強硬的情形下產生。另一方面，當對方行為無法預測時，將會產生不對等的決定。

Donald Hendon, Matthew Roy，以及 Zafar Ahmed 這三位研究人員，在 2003 年提出以下十二項在談判中讓步的指導原則。

1. 給自己預留足夠的讓步空間。
2. 先設法讓對手揭露他們的需求和目標 。
3. 在次要議題上搶先讓步，在主要議題上不要先讓步。
4. 做出沒啥了不起的讓步，然後讓這些讓步看起來很有價值。
5. 你的每一次讓步都要讓對手覺得「得來不易，全力應對」。
6. 每次讓步，都要讓對手用點什麼來交換，不要做「無謂的讓步」。
7. 一般而言，每次讓步速度需緩慢，幅度要小。
8. 不要向你的對手透露你的最後期限。
9. 不要每次都讓步，偶爾要跟你的對手說「不」。
10. 即使是試探性的談判，收回讓步時也要小心。
11. 記錄好每一次的讓步，好歸納勾勒出一個讓步模式。
12. 不要「太常讓步、太快讓步或太多讓步」。

談判者一般來說都很討厭「要麼接受，不然就算了」。不容討價還價的談判方式，一項出價如果是讓步的結果也許會被接受，但如一開始就把條件攤在桌上，一副「既成事實就是這樣」的態度，那就會遭到對手的拒絕。後者稱之為「包韋爾主義」（Boulwanism）。過去常被用在勞資談判中。在過去有些資方的領袖們會客觀地分析他們在未來的契約談判中能負擔的條件，然後以此為基礎，做出試圖達成協議的開價（例如：他們訂出相同、一樣的開價、目標店和抗拒點）。接著他們沒有任何讓步，因為他們認為依據他們的分析，他的開價是公平並且合理的，在工會多年為自我的立場奮戰並持續仇恨對立下，資方放棄了這種談判策略。

大量資料顯示談判者如他們有經過讓步，比沒有的對談判結果感到更滿意。Rubin 與 Brown（1975）建議談判者試圖相信他們有能力影響對手的行為，也就是相信自己能讓對手做出希望他做的事，因為讓步意味著知道對手的立場且朝此立場的方向移動，這意味承認對手的立場和它的合法性。身分與尊

重等非實質的因素如同實質的因素一樣重要。讓步同樣也會使得讓步者遭到風險。如果對方沒有做到相對的回應，做出讓步的一方就會被視為柔弱不中用了。所以，沒有受到相同回應的讓步也許送出強硬的有力訊息，但也使首先讓步的談判者感覺他（或她）的自尊受到傷害，或名聲受到打擊。

對讓步的回應不能毫無章法。如果一方就某項重要議題做出重大的讓步，它會期待對手在同樣議題上，或在同等重要的議題上做出相同的讓步。如果沒有受到相同的對待，做出更多的讓步意味著是弱者，並浪費了有價值的操作空間。在接收到適當的讓步後，談判者能明確地說出他們的期望在做出更進一步的讓步之前，「那是不夠好的，你應該就某議題做出讓步，在我考慮做進一步讓步前」。

鼓勵對手做出更多的讓步，談判者有時須將他們的讓步與對手之前的讓步連結起來。他們可以說「因為你們在 X 議題上降低了你們的要求，我願意在 Y 議題上做出讓步」。將讓步組成一組配套措施是非常有利的，例如：「如果你改變 A 與 B，我就會改變 C 和 D」。配套式的讓步可要比只就單一議題上的讓步導致更好的談判結果。

特別地有效能的配套方法，就是在較次要議題上做出讓步，以獲取對方在主要議題上的讓步。

# 8-4 讓步的功效及操作模式

## 一、讓步的功效

讓步是談判的中心。事實上，沒有讓步就不會有談判這回事。如果一方不打算讓步，另一方則必須妥協或談判將陷入僵局。坐上談判桌的人都會期待讓步的出現。談判者都會不滿意依據開價所達成的協議，因為他們都認為可以談出更好的結果（Galinsky, Seifeu, Kimy, & Medvec, 2002）。優秀的分配型談判者不會以太接近他們的抗拒點作為開價，而是確保在討價還價區中有足夠讓步的空間。讓步太快被視為比漸進的、拖延的讓步較少價值，這些能顯示增加讓步所帶來的價值（Kwon & Weingart, 2004）。研究顯示談判者一般都會接受對手優於他們目標點的第一次或第二次的出價（見 Rapoport, Erev, & Zwick, 1995）。所以談判者應試圖精準確認對手的目標點，並避免讓步太快達到那個目標點。最近的研究也顯示愈率直或愈關切對手的談判者，在談判中讓步愈多（DeRue, Conlon, Moon, & Willaby, 2009）。

## 二、讓步的操作模式

### 最初的讓步

開價通常會得到回應，而經此項的回應界定出最初的談判範圍。有時候對方不回應而僅傳達不接受你的出價（或要求），並要求出價者再開出較合理的要求。不論在任何情況下，在第一次出價後，接著的問題就是，要做出如何的回應或讓步？談判者可選擇毫不作為，採取堅定及堅持起初的立場，或做出某些讓步。注意再次提出的條件與要求，不可能比第一次的嚴苛或困難，否則對手一定會拒絕。如果決定做出讓步，接下的問題是要做多少讓步？注意第一次的讓步，常常是具象徵性的，是對對手傳達你將如何進行談判的訊息。

開價，開始立場和初步的讓步是談判開始，談判者用以溝通他們將如何進行談判的各種元素。一項誇大的開價，一項強硬的開場態勢及非常小的初步讓步都顯示立場堅定；一項合理的出價，一種合理合作式的開場姿態，以及合理的首次讓步則傳達了有彈性的立場。談判者如選擇強硬的立場，則表示談判者試圖獲取談判最大的空間，以獲取最大的談判結果或保留對未來的談判可操縱

的最大空間。強硬的立場和態度也可創造出一種氣氛，讓對手覺得有沒有讓步差不了太多，他們就會放棄堅持，免得談判曠日廢時。Huffmeier 和他的同事做的分析顯示，在談判中採取強硬立場的談判者，會達到較好的經濟結果，但這些成果將以付出被對手視為負面的成本（Huffmeier, Freund, Zerres, Backhaus, & Hertel, 2011）。相當矛盾的，強硬的方式的確能縮短談判時間（Ghosh, 1996）。然而，也非常可能對手也以強硬的方式回應。談判的一方或雙方或許會因此憤而抽身，甚至乾脆完全退出談判。

有幾項好的理由支持我們採取彈性的立場（Olekalns, Smith, & Walsh, 1996）。首先，在談判中轉換不同立場時，談判者能有機會學習到對手的目標，以及觀察到對手對不同的提議做出不同的反應。談判者也許希望建立合作而不是是戰鬥的關係，希望達成較好的協議。此外，彈性能讓談判持續進行；談判者看起來彈性愈大，對手相信達成協議的可能性就愈大。

談判者的讓步模式蘊含著重要的訊息，但此類訊息總是並不容易解釋。接續的當讓步幅度愈來愈少，很明顯的訊息就是談判者愈來愈強硬，也愈接近它的抗拒點了。然而，此一原則需要經過測試，需要注意談判後期的讓步意味著轉圜操作的空間愈來愈小。當開價很誇張時，談判者具有相當的空間提出新的配套措施，相對容易的做出公平實質的讓步。當出價或回應愈靠近談判者的目標點時，要做出與開始時同樣幅度的讓步，談判者的抗拒點就可能失守了。假設談判者以低於對手目標價格的 100 元開價，初步讓 10 元就是減少操縱的空間 10%。當談判者距離對手目標價 10 元之內時，每讓步 1 元就放棄 10% 的操縱空間。談判者總不能以規律的比率做出讓步或解釋讓步，但此例子說明對手會依讓步在談判過程何時出現，來解釋讓步幅度的意義。

讓步的模式同樣也很重要。我們以喬治和瑪麗兩人讓步的模式為例子，見圖 8-1。假設是談判運送電腦零件的價格，兩人都在和不同的客戶談判。瑪麗做出 3 次讓步，每次讓 4 元，總共讓了 12 元。相反地，喬治讓了 4 次，分別是 4 元、3 元、2 元和 1 元，總共讓了 10 元，兩人都告訴對方他們都讓了他們可以讓的，喬治的說法，顧客比較相信，因為他讓步模式所傳遞的訊息是他沒有讓步的空間了。當瑪麗聲稱她沒有讓步空間時，她的對手似乎不相信她，因為她的讓步模式（3 次都相同價錢）讓人感受她還有讓步空間，即使瑪麗讓的比喬治還多（Yukl, 1974）。注意，我們並不考量到此兩人在讓步時所說的話。合理化你的讓步同樣很重要，特別是在降價時（Yama, 2004）。在談判

時，談判者的行為語言都會受到談判對手的解讀；所以透過行動和語言告訴對方已沒有讓步的空間是很重要的。

綜合言之，理想的讓步應該注意三點：

1. 讓步要有計畫性，應該將一系列的讓步組織成一個巧妙的鏈條，除非奇招，切忌大起大落。
2. 讓步要有方向性，應該透過讓步，有意識地表達自己的態度和決心。
3. 讓步要有針對性，應該能爭取對方的心理滿足。譬如：販賣糖果，秤完重量後再添一點，顧客就很滿意；秤完後再拿點出來，顧客的心情就大不同。

在操作上，讓步的方式要：(1) 讓步的幅度要呈遞減；(2) 讓步次數不能多；(3) 讓步速度要慢。

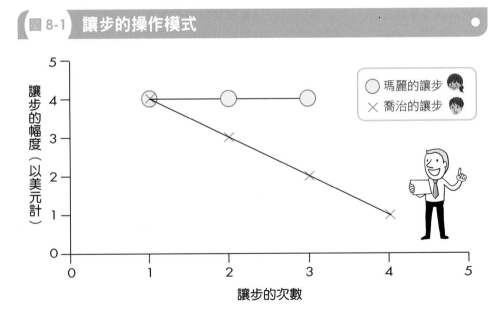

**圖 8-1 讓步的操作模式**

在多重議題的談判中，技巧純熟的談判者會提出不同形式的可能協議方案，其實對此人而言，可能都是一樣價值。因為他們知道並不是所有的議題對談判雙方而言都是同樣重要的。例如：在採購談判中，談判者只對交易的整體收入有興趣，而不在意是否是一個月內無息付清，或是以目前的利率分六個月

付款。然而，付款的期限也許對對方很重要，因為他面臨現金周轉的問題；對方可能希望以分六個月負擔利息的方式來付款。事實上，不同的本金、利率以及分期長短的組合，對一方來說並無差別，但對另一方來說，就具有非常不同的價值。

### 最後的出價

談判者最終總希望傳達一個訊息，讓步到此為止，已再也沒有轉圜的空間了——現在的出價就是最後的出價，一個好的談判者會說：「我就只能做到這樣了」或「這是我最多讓步的地方了」。然而，有時候光說這些話並不充分表達談判者的意思；可運用讓步作為替代方案來傳達此項意思。談判者僅僅使用不再有進一步讓步傳達此訊息，儘管對方強力要求進一步的讓步。對方可能在開始時還未察覺，談判者上次的出價就是最後的出價，也許會再自動做進一步的讓步以獲得對方的回應。發現沒有進一步讓步的可能，對手可能有被出賣的感覺，並認為違反了相互讓步的模式。對手不滿的情緒可能導致談判更加複雜。

談判者還可傳達這是最後一次讓步，而最終一次讓步格外有料的訊息。這隱含著談判者已將討價還價範圍內最終的部分丟上談判桌。最強的出價一定要大得能有戲劇化效果，但又不能大到產生對談判者留有一手，或在其他議題上還有讓步空間的懷疑（Walton & Mckersie, 1965）。讓步還可以對對方「個人化」方式（我跟我老闆談過了，這是對你才有的特別待遇），也同樣傳遞了這是最後讓步的訊息。

| 讓步種類 | 第一次 | 第二次 | 第三次 | 第四次 |
|---|---|---|---|---|
| 1 | 0 | 0 | 0 | 60 |
| 2 | 15 | 15 | 15 | 15 |
| 3 | 8 | 13 | 17 | 22 |
| 4 | 22 | 17 | 13 | 8 |
| 5 | 26 | 20 | 12 | 2 |
| 6 | 59 | 0 | 0 | 1 |
| 7 | 50 | 10 | −1 | 1 |
| 8 | 60 | 0 | 0 | 0 |

**表 8-1　讓步的種類**

Chapter **9**

# 談判團隊的組成

談判的進行是要個人執行就可或以團隊方式進行？談判團隊要多大？通常依狀況而定。某一方面而言，談判團隊大小應該如一句老話：「最佳團員的數目是一個人。」（The best number of people to have on a committee is one.）。在面對任何一個特殊談判時，我們首先應該決定是否由一個人代表或組織團隊去談判。接著決定要派誰去，或團隊成員是誰。個人代表去談判與團隊談判的利害得失比較如下：

個人談判者的優點：可避免對手針對團隊較弱的團員提出問題，或製造團隊分化的機會；避免團隊成員不同的意見而弱化了自身談判地位，以及避免現場立即的決定。但對個人談判者而言，需要有高度的要求。需要個人談判者保持對對手每個動作的注意，對談判議題每個環節都熟悉，並同時能保持做出快速的回應。個人方式的優點可歸納為：

1. 權責明確，一個人負擔全部的責任。
2. 沒有意見不同及內部紛爭的問題，克服小組談判中成員間相互配合不利的狀況。
3. 因談判的規模小，在談判工作的準備、地點、時間等安排上，都可靈活變通。
4. 能夠與對方當場解決問題，必要時可讓步或使對手讓步。
5. 避免以團隊方式談判時，對手會將問題集中在某一立場不穩的團員身上。

但當談判對手為某種專業的專家時，特別在現今全球化、科技化的時代，談判議題往往牽一髮而動全身，對單一談判者而言，真的很難以單獨自己一個人應付專業複雜的情勢。在這種情況，最好是以團隊來應對，即使是兩個人的團隊，其中一人為領袖，勝過於單一的談判者。因此談判是一項團隊的工作，除非是極少數特殊狀況，否則一般正式的談判，通常不會只有一個代表單槍匹馬單獨赴會，而是會組成一個任務小組來共同參與談判工作。在正式或複雜的談判中，大部分都不是一對一的談判，而是團隊對團隊的談判。因此建立具權威式的團隊是達成任何成功談判的先決條件。當選擇團隊成員時，我們應該考

慮年齡的分布，誰是最有效能的談判者，以及技術型的專業知識和特有的人格。公司會分派人員組成談判團隊，一定是因為問題涉及範圍廣泛而複雜，必須結合眾人的力量。然而，最大的挑戰往往出現在自家陣營。畢竟，不同部門的成員，考量重點也不同。在上談判桌之前，公司內部務必進行協調與整合。常見的公司談判團隊由幾個相關業務主管領軍，再加上法務或外聘律師組成臨時性團隊，這樣的組成天生脆弱：經驗、技巧不容易累積，策略也不能保持一致。在策略談判業務成長到一定數量之後，大公司通常會建立常設團隊，成員不一定是專職──另外的經常性工作也有助於對公司的業務及利益現況的了解。辦大事者，以多選替手為首要工作，所以團隊中要有新血；談判能力的養成近乎師徒制，而只有臨場經驗才能將知識轉化成銘刻的本能。幾年之後，副手乃至於助理也可以被推至前臺，擔任主談代表。

美國哈佛大學商學院教授曾研究 45 個談判團隊，涵蓋金融業、醫療照護業、出版業、製造業、電信業、非營利事業等領域。他們不約而同指出，談判過程中最大的挑戰，多半來自於自家陣營。因此要克服攸關談判團隊成敗的障礙，如內部成員的利益衝突，以及在談判中落實紀律嚴明的策略，需做到下列幾點：

## 一、建立團隊談判的目標

團隊如果忽略或無法解決成員對談判目標、取捨、讓步範圍與戰術運用的歧見，就無法規劃出協調一致的策略來進行談判。

## 二、談判團隊的組合與分工

如果決定是組成團隊去談判，那麼每個團隊成員都應指派任務。組成談判團隊最好因為團隊成員有不同的技術背景，可改正不確實的陳述；同時可作團隊的判斷和事前的規劃，可對對手提出大量不同的意見。但如果團隊太大，將會很難以管控，其中團隊中較弱的團員很容易被對手認出，而遭受對手個人的攻擊。團隊成員過多會阻擾了談判的效率。所以談判團隊盡量小，可在談判中占有較有利的位置。

## 三、談判團隊的規模

然而在談判時，我們常需要更多的資訊，更多的專業，超過一個人所能做出的貢獻。一個國際專家需同時兼有商業知識，財務知識，交易知識，這種可能需要一打人或更多人來承擔，每個人能在主要的團隊談判中做出一部分貢獻；但如果我們團隊是 12 人，對方也是 12 人，總數是 24 人，很顯然 24 人很難進行順暢的談判。

此外，大型的談判團隊首先遇到「合作」的問題，要保證團隊成員彼此間良好的溝通，以及保證每個團隊成員都滿意談判上所遭遇的問題。滿足自身團隊所遇到問題可能超過對手團隊。一位具高位有經驗的談判者曾說：「當我們到墨西哥談判時，我們與墨西哥人談判有非常多的困難，但沒有一項

比得上我必須與我團隊同事的談判。」

所以盡量維持談判團隊最小是很重要的。有幾個理由：

1. 當你的團隊到海外談判時，你們必須會有很多的長途飛行，地面交通，用餐，旅館會議中心的安排等。即使是小型的談判隊伍也會花費不少經費。團隊過大也不容易管理，如護照／簽證的安排，打預防針，或其他可能的醫療照顧。這些問題與困難會因處理團員的家庭和個人行程而增加很多。團隊到海外進行談判，如同任何一個旅遊導遊都知道，在國外要能安妥一個大型團隊是項最大的惡夢。

2. 其次，談判團隊內部的溝通是團隊力量的來源，主談者必須要能快速地要求團隊成員所能有的貢獻，而大型團隊較難達到。事前的會議，再叮嚀，及談判中時的休息都需要精準與簡明的溝通，因為下一階段就要做出重大的決定。

3. 呈現一個團結的團隊是重要關鍵。在對手提出新議題時，主談者必須能具有再導向的戰術。保持小型的談判隊伍，能讓主談者及時調整談判計畫，快速消化傳達資訊。此外，團隊小能較容易堅守自己的談判底線，避免對手試圖分化團隊大的成員。那麼理想的談判團隊是多少人呢？學者及有經驗的實務家建議是 4 人，主要原因包含如下：

## 1. 團隊的大小

任何一個可運作的團隊，例如：某種委員會，都有最大的容量。如果一個工作團隊想要具生產性及有用性，團隊成員都能貢獻，那這個團隊不應該太大、太多人。多人的團隊並不能保證每個成員都具貢獻，而且會造成團隊成員間利益及建議的分散。最大的談判團隊可為 8 個人，也就是兩個 4 人小組。

## 2. 團隊的控制

團隊的成員控制在 4 人也是較易管控的數字。就管理上來說，任何經理人在具高度變化環境，如談判，可掌控的範圍是 3 或 4 人。如果一個團隊的領導人要負責監督 6 或 7 人，那麼團隊領袖會因管控幅度而不能作出適當的管控。

## 3. 專業範圍

在耗時冗長的談判中，可能要好幾個月，需要好多不同付出與不同的觀

點，所以需要一系列的專業提供，任何一個談判的會議中，都可能有 3 或 4 種不同的觀點。所以需要團隊領袖以及 3 或 4 個團隊成員做更多詳細的討論。例如：負責生產的成員也許對生產計畫，原料供應，技術可行性等等並沒有充分詳細的資訊，也許就需要對此方面專家的協助。當此情況發生時，一般就是要安排輔助談判（sub negotiation）。分別的工作團隊一般包含每個小組有關生產的成員，每次會議時會由 3 或 4 個專家提供協助。

這些個別的專家成員將做出回報，以維持談判的進行。

## 4. 更換團隊成員

在整個談判過程中，不需要保持同樣的團隊成員。隨著談判逐步的發展，所需要的專業也會有所改變。例如：生產和技術專家在探索和創造階段也許就沒有貢獻價值，但當談判來到簽約的法律階段時，可能就非常需要了。沒有必要將談判成員保留一致。負責生產的成員也許在開始的 3 到 4 次談判中參加，接著的談判中就可以將位置空出，給負責最後動議文本的律師。

如果還要更進一步的專家，可以顧問的角色，而不參與談判團隊來進行，他們應該隱身於團隊成員之後，以便有需要時以解決特別的困難。

然而在自己主場時，特別專家常成為談判中的局外人。如果他們要如同談判成員一樣的參與，他們需要以下的訓練：

1. 資訊的獲得。
2. 談判的戰術。
3. 團隊合作——勝任自身角色及支援團隊成員。
4. 演練，包括如何因應對手強硬的立場。

任何團隊成員的選擇，都要在與對方談判前融入團隊。這需要準備的訓練與創造團隊成員間的了解。

# 9-3　談判策略的落實之 2

## 四、談判團隊團結的重要性

　　不論何時，主談者應對選擇談判團隊成員有完全的主控權。這是關鍵，因為談判團隊一定要全程視為一個單位，並要對主談者完全的尊重，具信心與忠誠。對主談者的權威不能有所挑戰。對較不具階層的管理結構的成員來說，好像超過要求。但如果談判要成功，就需要團結一心，因為對手的存在。當團隊成員擁有不同程度的威權與責任時，所有的方向都由主談者決定。任何有不同於事先規劃的策略、戰術或因應計畫，都應與主談者討論。因應常見於談判技巧中的以強大壓力造成恐懼形成讓步的唯一方法，就是無縫的團結。最後，因決策的集中化，任命第二位主談者是聰明的作法，因主談者可能生病或有意外發生。這個理想人選或對談判的可能責任應包括：

1. 思慮周全並且對其他人具敏感度。
2. 了解人性。
3. 具應變性以滿足其他人的心理需求。
4. 不要具有太強的強迫性，以為同仁所喜愛。
5. 要能具有創意與耐心的傾聽。
6. 要能為自我及其他談判團隊成員所尊敬。
7. 要能目標導向，要能具邏輯能力，具預估與決策能力，以便在談判高峰時做出最佳的判斷。

## （一）當事人

1. 當事人或代理人。
2. 「勢」、「權力關係」操作問題。
3. 性格影響其發揮空間？自由裁量權？

## （二）旁觀者的影響力

## （三）第三者──正式或非正式的中介、幕僚（有意圖的現象）

　　不同的角色──客觀、協調、仲裁、事實、特使、信差等

**(四) 陣營結構──雙方的權力組合，分化是對方常用的技倆**

1. 看清楚檯面上、檯面下到底有幾個人？
2. 談判成員有可能在我們不情願、不主動的情況下增加。
3. 我們可以主動引進更多人進來談判。
4. 觀眾：純觀眾？ 還是可能成為談判對象的觀眾？
5. 結盟：壯大自己、拉住對方（neutralise）

    「分配型」談判與結盟的「整合型」談判

    區別觀眾與潛在結盟對象

    了解對方決策流程

    誰說了算？

**(五) 陣營結構──各方成員內部有哪些**

不同派系衝突？

「成員結構」──談判成員，有誰在談判桌上？

在「聯合作戰」場合，談判對手常常會向己方的某一位成員下手，爭取他的好感或支持，以便瓦解己方的統一陣線，甚至令你處於內外受敵的困境。面對這種情況，在談判之前，你必須先取得己方成員行動一致或步伐協調的承諾。

談判對手的另外一種「分而克之」的戰術，便是向你的當事人抱怨你的作為，以便令你喪失當事人的支持。此時，你最好能事先說服當事人，請他避免與對手發任何一種方式的接觸。如果團隊願意花時間化解利益衝突，成員就能在過程中，發現彼此的優點與缺點。因此，努力控管內部衝突，也可以幫助團隊確定，每位成員在下一個階段，也就是正式上場談判階段，最適合扮演哪一種角色。

表9-1 **理想的談判團隊成員，應該包含五大角色** ●

## 角色一：領隊

任何談判隊伍都需要一名領隊。領隊也許是最有經驗的人，但並不一定是年齡最大的一位。

職責：
1. 控制談判的運作，必要時指揮其他人。
2. 裁定與專業知識有關的事，如決定是否有足夠的資金競標。
3. 協調其他成員的運作。

## 角色二：白臉

對方的成員多半能判斷出誰是「白臉」。他們會希望白臉成為談判的主要對手。

職責：
1. 對對方的觀點表示同情和理解。
2. 表現出放棄己方立場的樣子。
3. 哄得對方產生一種虛假的安全感，使他們疏於警惕

## 角色三：黑臉

白臉的對立面。黑臉的任務是使對方覺得如果沒有這個人，雙方會更容易達成共識。

職責：
1. 必要時，阻止談判的進行。
2. 反駁對方的任何辯論或觀點。
3. 威嚇對方並試圖揭露對方的弱點。

## 角色四：強硬派

強硬派對每件事的態度都很強硬，反對妥協。

職責：
1. 使其他人收回可能做出的讓步或妥協。
2. 觀察並記錄談判進程。
3. 使團隊不會偏離談判目標。

## 角色五：總結者

對所有提出過的觀點進行總結，並以簡潔、有說服力的語言來表達。

職責：
1. 提議突破談判困境的方法及手段。
2. 防止討論偏離主題太遠。
3. 指出對方前後矛盾的地方。

Chapter **9**

談判團隊的組成

總而言之，以團隊的形式進行談判：

1. 要能分工。談判團隊可因任務區分為主談人，整理人，及觀察人。主談人負責和對方正面對陣，但卻不一定是團隊中階級最高、最資深的成員。整理人負責替主談人提出疑問，澄清立場和整理歸納，最重要的是幫主談人爭取喘息休養的時間，觀察人負責看、聽及記錄雙方的表現。
2. 要演練，培養團隊默契。

例如：商業談判隊伍成員應包括：(1) 財務專家；(2) 法務專家；(3) 技術專家；(4) 高階管理階層。

## 五、談判代表的選擇

1. 能保持堅定彈性的人。對目標堅持，能為自己權利辯護，敢於提出自己要求，但對達成目標的方法保持彈性。
2. 不能有強烈英雄色彩，自我意識太強，愛講話（大嘴巴），缺乏團隊精神的人。在發揮自身作用的同時，還要相互協調，把成員的力量凝結起來，形成更優質的團隊。
3. 人際敏感度高的人，善與不同個性的人交涉，應對各種不同的社交場合。
4. 要有創意，眼界廣闊的人。談判代表應有豐富的想像力與創造力，勇於開拓進取，不斷創新，提出不同以往的視野與解決方案。
5. 要有耐心，毅力，鍥而不捨，頑強堅持的人。
6. 要有好體力的人。談判是項艱苦的工作，參與談判者需經得起連續回合的交涉與長途旅行，保有體能充沛，才能增強信心及適應力。否則因疲勞而產生失誤，會造成不應有的損失。

# Chapter 10

# 跨文化國際談判

# 10-1　文化的定義與特質

在全球化與科技化的趨動下，不同文化背景間的面對面或線上談判交涉日益頻繁。本土企業與外國企業合資、授權協議、買賣方關係、通路協議、製造協議、企業購併等，都需要經理人與來自不同文化背景的人談判協商，文化和做生意的成本存在互動關係。跨文化管理已成為日常事務的一部分，即使未被外派常駐某國，也會需要經常出差，與國外同事或客戶打交道。此外，外派人員亦需要與地主國在各式各樣的議題上協商溝通，例如：資源的取得、後勤安排等，跨文化談判無時不在發生。根據學者Groysberg（2014）的統計指出，全球高階經理人投入大半時間在談判協商上，而跨文化的國際談判能力已列為全球經理人最應具備的技能之一。

文化被認為是國際談判的中心議題，一個重要的影響因素。文化對談判的影響是相當微妙精細的，但這種微妙精細並沒有減少文化的重要性。談判文獻中對文化有不同的觀念（Hofstede, 1980; Schein, 1985），長期以來對釐清文化與談判行為風格間的關係有很多實質的努力（Faure & Rubin, 1993）。想像自己是從某一種文化來的談判者，而與一些從其他文化來的談判者坐在談判桌上。你會觀察這些談判者的行動，當然他們也會觀察你，並且你會試圖以文化來解釋對方的各種行為。假設這些談判者的行為是具有前後一致性的侵略和強硬風格，你會如何解讀這個行為呢？當不同文化背景進行談判的時候，雙方都把各自的文化特質表現在談判桌上。在這個過程中，文化常以一種微妙的方式，影響人們的談判態度與談判行為。這種好似「以石投水」效應，石子在水中激起漣漪，向整個池面漫去，文化就彌漫在整個水面之中，並且滲透在談判的因素上。

要探討文化與談判之間的關係之前，必須先釐清文化的真正意涵。關於文化有超過160種以上的定義（Kroeber & Kluckhohn, 1985），Tylor（1871）認為文化是一個複雜的集合體，由一個社會的成員所獲得的知識、信仰、藝術、法律、道德、習俗及其他能力的集合體。Mead（1951）從人類學的觀點定義文化為一種透過學習而得的行為，它是被一群人所共享的信念、習慣和傳統的集合體，而且持續地被進入該社會中的人們所學習。Daniels,Radebaugh和Sullivan（2002）認為文化是一個社會透過學習而得的特定

規範，此規範是以態度、價值與信仰為基礎。

荷蘭學者 Hofstede（1980, 2001）將文化定義為：「一群人藉以和其他群人區分的集體心智程式。」（Collective programming of the mind which distinguishes the members of one human group from another.）。在不同群體之間的人們，其集體心智程式各異。各個群體以不同的方式將此種集體心智程式一代代保存，並傳遞下來。《新大英百科全書》（New Encyclopedia Britannica, 2004）為文化作一普遍化的定義：「文化是人類知識、信仰及行為型態的總集。文化包含了語言、想法、信仰、習慣、禁忌、法典、制度、器具、技術、藝術的成就、慣例、儀式和其他相關的構成要素；文化的培養發展要依賴人類學習能力與世代之間知識的傳承。」（Culture, the integrated pattern of knowledge, belief and behavior. Culture thus defined consists of language, ideas, beliefs, customs, taboos, codes, institutions, tools, techniques, works of art, rituals, ceremonies, and other related components; and the development of culture depends upon man's capacity to learn and transmit knowledge to succeeding generations.）。此定義雖然無法完整敘述文化的涵義，但卻說明了文化並不限制於一個特定種族所具有，各個種族皆有其個別的特殊文化；並且其不限定為純粹種族或是國家背景的文化，它還包括了所謂的「次文化」（subcultures），也就是組織性文化（organizational culture）、專業性文化（professional culture）及團體性或企業文化（corporate culture）。在人類學家的文獻中，可歸納出三個文化的主要的特質：

1. 文化為一群社會組成者的特質，其並非存在於單獨一個人身上的，也就是文化必發生於一群人的身上，因為這群人中有相同的特質，所以會有文化的產生。因此，文化是一致性的共同行為所表現出的整體型態。

2. 文化是後天產生的，並非先天的，是要透過社會中個體間文化的傳承或是社會化的結果所產生，並不是與生俱來的，因此文化是一種學習行為，並非遺傳現象，是人為環境的一部分。

3. 每一個不同的文化都是獨一無二的，不同的文化有不同的生活方式，其為不同的一群人和社會行為所產生，所以每一種文化都是特有的。

　　文化是主觀的，不同的文化對相同的事物有不同的看法，在一個文化中可以被接受，在另一個文化中未必。並且文化是動態性的，其雖然世代相傳，但是我們不能認為文化是停滯的、從不改變的，文化會持續的改變以適應新情境和新的知識。舉個例子來說，各種不同的人，就像是各個不同廠牌的電腦軟體，有不同尺寸的外觀，不同的記憶體、不同的實體構造；而文化就像是電腦中不同的軟體程式，存在於各個電腦中，唯有電腦的硬體配上其軟體，才能使電腦運行，不同廠牌的硬體可能有相同的內在軟體，因此它們處理問題的方式也會相同，當然隨著時代的改變，舊的軟體也會不斷的更新，以應付新時代的需要。人類文化的軟體程式就形成了對於各種事物不同的看法，以抽象的文化影響具體的人類。

　　其中影響最大，也被引用最多的，是由荷蘭學者 Hofstede（1980, 2001）所提出的國家文化構面分析。當時任職 IBM 人事部經理的 Hofestede 為提升 IBM 員工工作績效與制定激勵準則，分別於 1967 至 1969 年，1971 至 1973 年，兩次對 IBM 員工進行職場工作價值（working value）的調查（survey）。調查範圍涵蓋 72 個國家的海外分支機構，88,000 個員工，20 種不同的語言，取得 116,000 多份問卷，其中單一國家卷回收超過 50 份的，共有 40 個國家。他將此 40 個國家的資料，以國家為單位的因素分析中，結果發現國家文化對員工工作價值觀與態度的影響，表現在四個構面（dimensions）上。Hofstede 之後與學者 M. Bond 於 1985 年針對 23 個國家的學生進行華人價值觀問卷調查（Chinese Value Survey, CVS），又提出第五個文化構面。此五個文化構面說明如下（如圖 10-1）：

## 一、社會取向構面（social orientation）

　　此構面所強調的是，在社會互動中，文化所反映個人和所屬群體之間的相對重要性，分為「個人主義」（individualism）與「群體主義」（collectivism）。個人主義者的價值在於自我實現、獨立、自尊，個人的事業發展優先於組織利益，例如：美國、英國、澳洲、加拿大等；群體主義者強調和諧、道德規範、羞恥心與人際關係，個人以對團體的忠誠來換取團體對個

圖 10-1 Hofstede 的文化構面

## G. Hofstede 的文化構面模型

| | 社會向度 | |
|---|---|---|
| **個人主義** | | **集體主義** |
| 以個人為優先考量（個人利益重於團體） | | 以團體為優先考量（團體利益重於個人） |

| | 權力向度 | |
|---|---|---|
| **低權力距離** | | **高權力距離** |
| 不懼怕權力（組織較扁平化） | | 個人對權力高度敬重（組織層級較多，重視頭銜） |

| | 風險向度 | |
|---|---|---|
| **風險追求** | | **風險趨避** |
| 喜歡改變、不懼怕風險較具創新能力 | | 喜歡結構化、規則性的工作，較缺乏創新動力 |

| | 目標向度 | |
|---|---|---|
| **消極目標導向** | | **積極目標導向** |
| 追求心理感受，注重過程（女性特質） | | 追求物質享受，注重結果（男性特質） |

| | 時間向度 | |
|---|---|---|
| **短期觀點** | | **長期觀點** |
| 著重現今收穫／享受重視時間效率不重形式 | | 對時間觀念不嚴謹拘泥形式，著重規劃未來 |

人的保護，如墨西哥、秘魯、臺灣、香港、新加坡、巴基斯坦等。個人主義文化反對偏袒和任用親戚，但集體主義文化則認為是正常的作法。

## 二、權力取向構面（power orientation）

所考慮的是文化如何解決群體中不平等的問題，用「權力距離」（power

distance）來反映群體或組織中權力與威信的差異程度，亦即權力在群體或組織中的分配是否平均，分為「高權力距離」與「低權力距離」。高權力距離文化接受較大的權力距離，尊崇權威與階級，下屬期待被指揮做事，如法國、西班牙、日本、印尼、新加坡等。低權力距離文化傾向質疑高層的決策，期待被諮詢與自己的意見被尊重。在高權力距離文化中的組織反映出較強烈的階層制度、集權與監督。

### 三、風險取向構面（risk orientation）

用「不確定性規避」（uncertainty avoidance）來反映人們對於不確定和改變的情緒回應，分為「高不確定性規避」與「低不確定性規避」。在愈高不確定性規避文化中，愈會尋求結構化的制度，愈崇尚規則與法規，人們尋求安全感、避免競爭，如德國、日本、法國、義大利等。低不確定性規避的文化，人們喜歡冒險與改變，不懼怕風險，比較能接受彈性的規則與步驟，如美國、加拿大、丹麥、瑞典、澳洲等。

### 四、目標取向構面（goal orientation）

強調社會上傳統性別角色的文化趨勢，分「男性作風」（masculinity）與「女性作風」（femininity）兩種。男性作風強調生活的量，重視金錢、物質與成就，關心自身利益，決斷獨行、富企業家冒險精神。女性作風強調生活的品質，重視人際關係與大眾福利，經理人的決策會考慮對社會的影響。

### 五、時間取向構面（time orientation）

Hofstede（1980）的模型原本只有上述四個文化構面，後來 Hofstede 與 M. Bond 合作，在 1985 年針對 23 個國家的學生進行華人價值觀問卷調查（CVS），才又提出第五個文化構面（Hofstede, 2001; Hofstede & Bond, 1988），分為「長期取向」（long-term orientation）與「短期取向」（short-term orientation）。長期取向的文化對於奉獻、努力及節儉抱持未來的價值觀，所以現在會努力工作，有儲蓄的觀念，組織的決策強調綜效與成長，如日本、臺灣、香港、南韓等。短期取向文化重視現在的享受，欠缺儲蓄觀念，喜歡快速且可以測量的成功、立即的財務報酬。Hofstede 和 Bond 將長期取向與亞洲經濟的成長相互結合在一起。

# 10-3　代表性的文化構面模型

　　除了 Hofstede 的國家文化五個構面模式外，尋找其他更周延的文化構面，或許能更精確描述複雜的文化現象，其他比較具代表性的文化構面模型如下：

1. 文化人類學者 Hall（1976）提出溝通情境和時間與空間可以用來了解文化之間的差異性。Hall 依照各個國家文化不同導致其溝通表達方式不同，將溝通方式區分為「高情境文化」（high-context culture）與「低情境文化」（low-context culture）。認為文化差異性在於這個文化是否在低度或是高度溝通的情境中從事活動。低度情境的文化，傾向直接溝通，單從字句本身即能傳送清楚明瞭的意義。在另一方面，高度情境的文化傾向較少的直接溝通，字句本身的意義來自於對於周遭情境的推論。「高情境 / 低情境分析法」（high context-low context approach），情境（context）是某個特定溝通過程中的數量資訊的總稱，包括溝通過程中的有聲和無聲方面。在非語言溝通中，情境的非語言方面就是傳遞資訊的主要管道，例如：眼神、表情、手勢、動作、親近方式和空間的使用等等。在任何特定的文化中，情境部分在溝通中的比例愈大，人們互相接受和傳遞資訊就愈困難。在低情境化的溝通中，資訊是通過語言來傳遞的，精準度較高，因此比高情境化的談判者溝通要容易理解得多。低情境化的國家如：美國、歐洲（盎格魯文化、日耳曼文化和斯堪地那維亞文化的國家）。高情境化的國家如：俄羅斯、南歐、阿拉伯、東亞（日本、中國），如圖 10-2、10-3 所示。

　　在低情境文化中，發言者所使用的文字直接傳達他的訊息，交易與談判的速度較明快，如美國、加拿大、英國等。在高情境文化中，談話時的情境與字面上的意思同樣重要，交易與談判進行的速度較緩慢，如日本、中國等。了解高情境與低情境的文化差異，有助於掌握正確的溝通表達方式，例如：在國際廣告的製作或國際談判的順利進行。

　　Hall（1976）研究發現在高情境的東方文化，首重建立社會信任，重視個人關係及信譽、以大體上的信任訂定契約，喜歡進行緩慢和慣

圖 10-2 **高低情境文化國家**

低情境
因素

高情境
因素

德
國
　
瑞
士
　
美
國
　
西
班
牙
　
希
臘
　
阿
拉
伯
　
越
南
　
日
本
　
韓
國
　
中
國

圖 10-3 **高語境 VS. 低語境**

高語境：語言含蓄
語言重視溝通時的場面

日本人
阿拉伯人
拉丁美洲人
義大利人
英國人
法國人
北美地區的人
斯堪地那維亞人（北歐地區）
日耳曼人
瑞士人

低語境：語言明確
語言本身強調精確

例式談判，所以談判者傾向建立關係，藉由情緒和情感來說服。而低情境的文化中，談判者則重視資源的分配、專業技術與績效，喜歡明確、法律契約的協議，偏好有效率的談判。因此，Johnstone（1989）發現在低情境文化的說服，往往藉由理性。例如：Drake（1995）在分析美國和臺灣的跨文化談判逐字文稿，結果發現美國談判者較常採用邏輯和推論等分析性陳述來說服他人，反觀臺灣的談判者則趨向以社會角色和關係等規範性陳述來進行說服。此外，高情境文化在談判互動過程的進行中，談判資訊的分享較為含蓄而間接，喜歡建立間接的溝通訊息，不先一針見血的陳述結論或底線（Munter, 1993）；而低情境文化在資訊的分享則較清楚而直接（Adair, Okumura, & Brett, 2001; Cohen, 1991; Hall, 1976），喜歡直接的訊息、切入重點、先陳述結論或底線（Munter, 1993）。例如：Adler et al.（1992）研究美國和中國談判者的面對面談判行為，結果發現美國人在進行資訊交換時，使用「不」的頻率明顯高於中國人。

　　Hall 的第二個面向，時間與空間，指的是在不同文化之間如何管理要處理的事情，以及如何排出事情的時程表。Hall 提出有些文化是單一時間格局的（monochronic），因為它們比較喜歡按照先後順序組織事務，並且排出事務的時程表，而其他文化則是多重時間格局的（polychromic），因為它們的特色是很多活動在同一時間內發生進行。來自不同時間格局的文化的談判者進行談判時，會感到格格不入或沮喪，除非談判者了解談判對手的文化特質。

2. Trompenaars 與 Hampden-Turner（1998）的七構面文化模式：運用傳統人類學的方法來了解文化，和 Hofstede 的模式類似，但包含的層面更廣。其中五個構面是關於人們如何相互往來的問題，另兩個構面則是關於如何應付時間的變化、人們對自然環境的態度問題。這七個文化構面分別是：(1) 通用主義與關係主義（universalism vs. particularism）；(2) 集體主義與個人主義（communitarianism vs. individualism）；(3) 中性文化與情感型文化（neutral vs. emotional）；(4) 擴散型文化與具體型文化（diffuse vs. specific）；(5) 成就型文化與因襲型文化（achievement vs. ascription）；(6) 過去、現在、未來或其混合的時間定位；(7) 內部控制與外部控制（控制大自

然或適應大自然）（inner-directed vs. outer-directed）。如圖 10-4。

圖 10-4 川潘納斯的文化構面

| | |
|---|---|
| 普遍主義 | 特殊主義 |
| 個人主義 | 集體主義 |
| 特定的 | 分散的 |
| 中性的 | 情緒的 |
| 成就感 | 歸屬感 |
| 接續性 | 同步性 |
| 內在導向 | 外在導向 |

資料來源：www.expertprogrammanagement.com。

3. House 等（2004）的 GLOBE 研究計畫（Global Leadership and Organizational Behavior Effectiveness Research Programs）：該計畫擴大並整合前述 Hofstede 等學者有關文化特性與變數的研究，計畫的核心在研究與評估來自 62 個國家，825 個機構中，大約 17,000 位中階經理人的九個不同文化特性。包含 170 位學者的研究團隊，針對金融服務、食品加工及電子通訊三個產業的經理人進行調查。GLOBE 的九個文化構面基本上是以 Hofstede 的國家文化構面擴張而來：(1) 不確定性規避；(2) 權力距離；(3) 群體主義（社會群體主義，指組織與社會體制對資源分配與群體行動的鼓勵或報酬的程度）；(4) 群體主義（群體內部的群體主義，指個人在組織或家族內表達自豪、忠誠與團結的程度）；(5) 性別平等主義；(6) 堅定自信；(7) 未來導向；(8) 績效導向；(9) 人性導向（Boyacigiller, Kleinberg, Phillips &

Sackmann, 2004）。如圖 10-5。

整體而言，文化因素對談判中的影響如下：

1. 談判雙方對事實的看法，也就是對實際環境情況的認知。
2. 談判雙方對蒐集資訊的認知不同，不同的文化背景的談判者對手中所得的資訊假設判斷不同。
3. 談判雙方對於對方的文字或行動有投射性的意義，由於文化的不同，使得對方的語文、用字遣詞、行為舉動等，給予對方錯誤的認知。
4. 談判雙方中有強烈以自我民族為中心的觀點態度，可能有不正確的強迫歸屬動機，也就是以自我民族文化為主，並不認同其他文化，有明顯的文化優勢感。

　　所以在任何談判情境中，「國籍或文化扮演一個重要的角色，但要建立談判與文化脈絡之間的普遍化原則，一定也需要將年齡、性別和談判環境納入考量」（Janosik, 1987:391）如圖 10-5。

圖 10-5 全球領導（GLOBE）研究文化分類

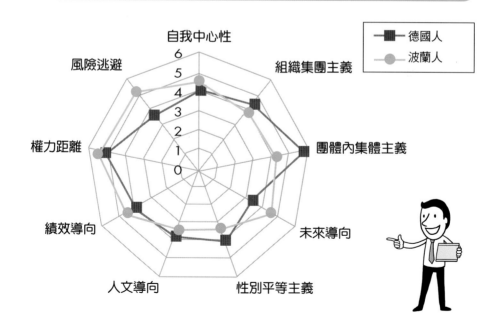

# 10-4　文化對談判行為的影響

文化會影響談判者在談判過程的作為，進而影響談判結果。Adair & Brett（2004）更依據此分類標準建立了文化與談判互動過程的關係模式如表 10-1。

## 表10-1　文化影響談判決策

| 地區 | 東方 | | 西方 | |
|---|---|---|---|---|
| 自我觀<br>（self-construal） | 相互依賴（集體主義） | | 獨立（個人主義） | |
| 溝通規範 | 高情境（high-context） | | 低情境（low-context） | |
| 信念 | 建立關係 | | 資源分配 | |
| 目標 | 合作性信任 | 競爭性主導 | 合作性<br>共同利潤 | 競爭性<br>個人利潤 |
| 行為 | 間接的<br>資訊分享 | 情感性影響 | 直接的<br>資訊分享 | 理性的影響 |

資料來源：Adair, W. L., & Brett, J. M., 2004, "Culture and Negotiation Processes", In M. J. Gelfand & J. M. Brett （Eds.）, Handbook of Negotiation and Culture. Stanford, CA: Stanford University Press.

文化因素對談判行為也造成其他影響，分述如下：

## 一、對談判的界定（definition of negotiation）

不同文化對談判的定義，什麼是可談判的？談判如何發生？何時發生都有不同的看法。例如：美國人視談判為出價與反出價的競爭過程，而日本視談判為資訊分享的機會（Foster, 1992: 272）。

## 二、談判機會（negotiation opportunity）

文化因素影響了談判參與者對談判局面（situation）視為是整合性的或分

配性的資訊。北美地區的談判者傾向將談判視為具分配性質。

### 3. 談判代表的選擇（negotiator choice）

不同文化的評選談判代表的標準不一樣。這樣標準包括對談判議題的知識、年資、家庭關係、性別、年齡、經驗、地位等。不同文化對這些因素有不同的衡量標準，造成對談判有不同的期待。例如：在談判初期過程中建立關係連結在中國是很重要的，選擇適當的談判者能幫助這類的事（Zhu, McKenna & Sun, 2007）。

## 四、談判禮儀（negotiation ritual）

不同文化對談判過程的禮儀、形式、程序的重要性有不同的看法。美國文化是較不重視形式的文化，表現出非常熟悉式的溝通風格，直呼小名，而不稱姓或職銜。大部分歐洲國家卻非常正式，如果沒有適當正確地稱呼對方職銜，被視為是侮辱性的行為。介紹時遞出名片在亞太地區文化中被視為重要的。握手、衣著都被談判者視為解讀對方背景、人格的重要依據。談判者忘了帶名片或在名片上寫上某些事情被視為是違反禮節及侮辱對手的行為（Foster, 1992）。在亞洲，一個人向另一人遞呈名片必須要以雙手，只用一手被視為是粗魯的行為。

此外，在日本等東方國家，進入室內或廟宇前，一定得脫鞋。英國女星伊莉莎白赫莉在印度舉行婚禮時，因為進入婚禮禮堂拒絕脫鞋，差點把自己的婚禮搞砸。談判期間，受邀作客，可以送女主人一束鮮花，不過在德國、波蘭、瑞典，千萬別送康乃馨。在比利時、義大利、法國、西班牙、土耳其等國，菊花則是禁忌。因為康乃馨與菊花都是喪禮用花。而玫瑰代表的意義也因國而異。在法國、奧地利，紅玫瑰代表浪漫，不過黃玫瑰在墨西哥與智利，代表離別。此外，花朵數目、包裝與否，都會影響送禮情意，不可不慎。

談判期間閒聊時所提出的問題，如有不慎，可能導致正式談判的破裂。例如：在澳洲詢問原住民的處境，在中國暢談人權，在印度追究女性何以死於嫁妝不足，在西班牙譴責鬥牛等。最好選些安全的話題，諸如食物、小孩、運動、美容與景點等。

## 五、溝通方式（communication approach）

文化因素影響談判者的溝通方式，語言性及非語言性的。不同文化有不同的身體語言。一個在某個文化中可能具有相當侮辱性的行為，卻在另一個文化中毫無冒犯之意（Axtell, 1990, 1991, 1993）。為了避免冒犯談判的另一方，國際談判者需要很小心翼翼觀察在溝通時的文化規則。例如：若想稱讚對方表現不俗，許多人會豎起大拇指，不過在伊朗，這可是猥褻手勢，意味「坐在這上面」，極為不雅。此外，OK 的手勢是許多潛水族通用的暗號，這表示「我很好」，不過在土耳其與巴西，OK 手勢是罵人之意，表示對方下流齷齪。在信奉佛教的泰國，頭則是靈魂之所，不可隨便亂摸。

## 六、時間的敏感性（time sensitivity）

文化主要決定了時間的意義以及時間如何影響了談判（Mayfield, 2006; Mayfield, Martin & Herbig, 1997）。文化因素影響了對時間的看法，進而影響談判。「在鐘錶時間文化上，人們都依鐘錶上的時間排定事情；在事件時間文化，事件決定人們鐘錶上的時間。」（Alon & Brett, 2007）。在美國約會，守時代表不浪費對方的時間，「快步調」要比「慢步調」來得好，因為代表高生產率的象徵。美國人被其他文化視為時間的奴隸，因為他們小心翼翼看著時間，視時間為有價值的資源。在其他文化，如中國或拉丁美洲，時間本身並不重要。談判的焦點是任務的達成，不論需要多少時間。因為對時間的看法不同是造成跨文化談判中誤解的來源。美國人總被視為來去匆匆，一件事接著一件事，而中國或拉丁美洲的談判者在美國人眼中好像無所事是，浪費時間。

## 七、風險傾向（risk propensity）

不同文化因素造成對風險意願不同。有些文化下容易產生官僚式，保守性的決策者；他在做決定前，需要有大量的資訊。有些文化下的談判者具有強烈的企業家精神，即使在資訊不充分下，仍然甘冒風險採取行動。文化對風險的取向，大大的影響了談判的內容與結果，根據 Foster（1992）的研究，美國人屬於願冒風險上的一端，有些亞洲文化也是如此，而有些歐洲文化卻非常保守（例如：希臘）。文化的風險導向會大大影響到對談判的界定以及解釋談判結果的內容。風險取向的談判者比較願意在早期採取行動，並願意冒險。風險

逃避的文化傾向搜尋更進一步的資訊，並採取觀望的立場。

## 八、群體對個人（group vs. individual）

美國人傾向在談判時，有人負責做最後的決定，但集體導向的文化如日本人，傾向最後的決定由群體負責。在集體文化的決策傾向共識決，決策時花的時間比美國人多。在群體取向的文化，介入談判的人比較多，而且這些人的參與是接續性而不是同時，美國談判者可能面對相同的議題和資料與不同的人做接續的討論，但可能會讓一個人負責最後的決定，而以團體為導向的文化，像是日本人的文化，比較可能會讓一個團體負責決定的事宜。在以團體為導向的文化所做的決定，包含了共識，會需要比美國談判者所習慣需要的時間更多。

## 九、協議的性質（agreement perse）

在美國，協議的產生是基於邏輯（例如：出價低的獲得契約），通常有正式的程序及依法執行。可是在其他文化中，契約的取得可能基於誰是提約人（例如：具殊政治關係），而不是你可去執行。此外，協議對所有文化意義並不相同，Foster（1992）發現中國談判者利用備忘錄的協議關係，作為談判開始的信號，是相互妥協的象徵。中國人常將協議的訂定，當作是彼此關係的正常化，協議訂定後才是談判的開始。然而，美國人視同樣的一份協議是談判的完成，要予以執行，並受到法律的約束。

## 十、情緒反應（emotion reaction）

文化因素影響談判者的情緒表現（Salacuse, 1998）。這些情緒表現也許是談判技巧的一部分，或者是對談判者正負面環境的自然反應。雖然個性也有可能在感情的流露上扮演某種角色，但是跨文化的差異性對情緒表現還是有重大的制約作用。

文化因素對談判行為的影響，可整理如表 10-2。

**表 10-2  文化影響談判的十種方式**

|  | 談判因素 |  | 文化回應的範疇 |
|---|---|---|---|
| 1. 談判的定義 | 合約 | ←——→ | 關係 |
| 2. 談判的機會 | 分配型 | ←——→ | 整合型 |
| 3. 談判者的選擇 | 專家 | ←——→ | 受託 |
| 4. 社交禮儀 | 不正式 | ←——→ | 正式 |
| 5. 溝通方式 | 直接 | ←——→ | 間接 |
| 6. 時間敏感度 | 高度 | ←——→ | 低度 |
| 7. 風險取向 | 高度 | ←——→ | 低度 |
| 8. 團體與個人 | 集體主義 | ←——→ | 個人主義 |
| 9. 協議的性質 | 特定的 | ←——→ | 一般的 |
| 10. 情緒反應 | 高度 | ←——→ | 低度 |

資料來源：根據 Foster（1992）；Hendon & Hendon（1990）；Moran, Stripp（1991）；
　　　　　Salacuse（1998）。

　　就跨文化的角度而言，在談判中，國際談判代表常會不自覺地犯下以下一些錯誤：

## 一、以自我為參考標準（self-reference criterion）去評估所面對的環境

　　每一個人都受其成長環境中的文化制約，當面對一種不同文化下的新環境時，文化制約使談判代表常憑藉著他的自我參考標準，不自覺地以自己的國家文化觀點，來評估周遭的環境，判斷對手的行為，也容易產生「民族優越感」的觀念，以致造成解讀錯誤或誤判決策。

## 二、文化集群的刻板印象（stereotype）

　　談判代表有時會將具有相似文化特徵的國家歸為同一類型，將同一套談判策略運用於具有相似特徵的國家之中，或運用相同的談判方法去面對不同文化背景的談判對手。但各個國家文化間還是存在有差異，所以這些策略與溝通

方法還是須經過修正，過分粗糙的文化刻板印象與主觀判斷，常是文化偏見（cultural bias）的來源。

## 三、缺乏文化敏感度（lack of cultural sensitivity）

若談判代表不能對各種文化的差異與需求有敏銳的感覺，則在面對跨文化的談判時，就不能融入他人的感受，容易產生不必要的衝突與誤解。

面對跨文化帶來的衝擊與影響，Herbig 與 Gulbro（1997）指出外來的協助與支援，可提高跨文化談判成功的機會。兩位學者將外來的協助分為兩種型態，第一種型態是翻譯人員以及跨文化的中間人（bicultural broker）；第二種型態為外部資訊蒐集人員（briefer）或專家（expert）。專家可更進一步細分為：國家專家（country experts）、文化專家（culture experts）、商業專家（business experts），以及技術專家（technical experts）。

要克服跨文化談判障礙的方法，實證結果顯示，以下方法具有顯著成效：

1. 在談判過程中聘用翻譯人員的組織，其談判結果的目標達成率大過於未使用翻譯員的組織。
2. 邀請具跨文化背景與訓練的中間人參與的組織，其談判結果的目標達成率明顯高過於未使用中間人的組織。
3. 在協商過程中同時使用翻譯與雙文化中間人，其談判目標達成的機會大幅增加。
4. 在談判準備階段聘用資訊蒐集人員的組織，其談判目標的達成率較未使用的組織來得高。
5. 邀請外部的專家愈多，有效談判成功的機率就愈大。
6. 得到外來的協助愈多，有效談判成功的機率就愈大。

圖 10-6　外部專家帶來許多不同的思考

## 學校沒教的談判潛規則

### 學習談判風格的作用

談判風格對談判有著不可忽視的作用，甚至關係到談判的成敗。學習和研究談判風格，具有重要的意義和作用。

1. 營造良好的談判氣氛

良好的談判氣氛是保證談判順利進行的首要條件。如果我們對談判對手的談判風格十分熟悉的話，言行舉止會十分得體，能比較快地贏得對方的好感，即他們從感情和態度上接納你。在這樣的氛圍下開展談判，深入探討問題，自然會容易得多。談判風格是一種看不見、摸不著的東西，但它會在談判中反覆頑強地表現出來，並成為始終能發揮重要作用的因素。我們可以透過了解對方的民族、宗教、習慣、習俗、文化背景、思維方式、價值取向等來掌握其談判風格。

2. 為談判策略提供依據

學習和研究談判風格不僅僅是為了創造良好的談判氣氛，更

重要的意義是為談判謀略的運籌提供依據。如果我們不研究對方的談判風格，不了解談判風格的形成、表現形式及其作用，或缺乏這方面的知識，那就會在制訂談判謀略的時候束手無策，更談不上主動地根據對方的談判風格規劃策略。談判風格所涉及的知識領域非常廣闊，既有天文的、地理的、社會的、宗教的、民俗的、文化的，又有心理的、行為的、政治的、經濟的……等等。這些知識本身就會為談判策略的規劃提供依據和幫助。

3. 有助於提高談判水準

商務談判往往是很理性化的行為，但理性往往受到非理性或感性東西的引導或驅使。談判風格在認識上有可能是理性的，但其表現形式多為感性。我們研究和學習談判風格的過程本身，就是一種學習和提高的過程。我們要吸收不同國家、不同民族和地區談判風格中優秀的東西，拿來為我所用，吸取他們優秀的談判經驗與藝術，減少失誤或避免損失，進而形成自己的談判風格，或使自己的談判風格更加完善、更完美。

# Chapter 11

# 談判的權力因素

# 11-1 談判的權力

談判是權力的遊戲（game of power），此權力影響談判的過程與結果。談判中權力是一個具有關鍵作用的變數。有經驗的談判者知道，每一場談判都存在著權力的較量。談判者上了談判桌後相當相信權力是重要的，因為權力能給予談判者勝過對方的優勢。具優勢的談判者通常想運用權力來確保分享更多的談判優勢，或 到他們偏愛的解決方式。尋求在談判中權力的通常源自以下三種看法：

1. 談判者相信自我現有的權力比對方少。在此情境下，談判者相信對方已取得某些優勢，也將會運用該優勢，所以自身要尋求權力來抵銷或平衡對方的優勢。
2. 談判者相信自身需要比對方更多的權力以增加確保預期結果的可能性。在此情況下，談判者認為必須具備額外的權力，以便在往後的談判中 加或維持優勢。
3. 在談判中很多談判者都希望讓對方感到自己處於一個較為弱勢的位置。這正是他們的算盤所在。增加談判的難度，讓談判對手在「等待」的時刻降低對自己的評價，從而為自己爭取到更多的籌碼。其中的關鍵並不在於你與對方的權力絕對差，而是在透過讓對方的心理定位產生距離從而接受更低的條件。

## 何謂權力

廣義的來說，當人們擁有「能夠實現心中所想結果的能力」或「使事物依他們所想的方式完成的能力」就表示擁有權力（Salancik & Pfeffer, 1977）。知名的衝突管理研究者 Morton Deutsch，界定權力如下：

權力施行者……在既定情境下擁有某種程度的權力（情境權力），能達成在該情境下試圖完成的目標（目的，慾望，或需求）。（Deutsch, 1973, p. 84-85）

但 Deutsch 也提到對其他人有一種將權力視為權力施行者特質的傾向。

圖 11-1 欠缺訓練的談判者，常會膨脹自我權力

這種傾向忽略權力行為者所運作源自情境或環境的權力要素：

權力是相對的概念，它不存在於個人，而是在人與其環境的關係中。因此，權力行為者在既定情境下，所處情境的特性以及施行權力者的特性決定其權力。（1973, p. 84-85）

因此，如同 Deutsch 所言，「A 比 B 更有權力」的論述應該從三個既分明又環環相扣的面向來看：環境性權力，或「A 通常比 B 更能對其整體環境帶來正向影響，並／或比 B 更能克服阻力」；關係性權力，或「A 通常比較能對 B 帶來正向影響，並／或克服 B 的阻力要比 B 能對 A 所做的為多」；個人性權力，或「A 通常比 B 更能夠滿足其自我需求」（1973, p.85）。Dean Pruitt 認為「權力」概念之用於談判領域，是泛指「能夠成功提出要求，並讓對手讓步」之能力。在談判中所謂的權力則為「使談判結果符合當初預期的能力或以本身所希望的方式來達成預定目標的能力」。

談判權力就是談判者在談判過程中使用資源的方式，藉以產生可導致偏好之結果的改變。在談判時，「權力」是透過「策略」影響談判的結果。權力也就是「使談判結果符合當初所預期的能力」或「以本身所希望的方式來達成預定目標的能力」。

讓我們藉由以下兩個例子來闡明這些觀點：

1. 在經濟不景氣時，工會發現他們所談判的新合約是有關延後加薪時間，甚至論及減薪，這意謂著被迫將得來不易的讓步歸還給管理階層——這是工會代表們很不希望做的事。他們通常如此做是因為公司高層爭辯說除非薪水下降，否則公司要解僱數千名員工，關廠，轉移至其他國家生產，減少生產線，或採取類似行動。工會代表們看起來是以理性或邏輯的方式來決定他們平常不做的事，但在此案例中管理階層只是在經濟環境中，利用權力的轉變趁機占便宜（掌控工作機會的創造與保留）。當市場轉變，產品需求改變、成本增加或下降，或有較便宜（非工會成員）勞工可用時，在這些談判中的權力將繼續改變。

2. 在現代組織中，專案計畫經理，團隊，及任務小組發現他們不需用正式的權威（直接報告關係）來直接下指令也能夠有效地影響他人。因此，經理人必須精熟地運用無權威影響力來完成任務並達到團隊目標。這種影響的對象可能是員工，同儕，其他經理人，或其主管。向上司帶著對工作長串抱怨及向主管提出要求的部屬大概都會讓其主管生氣，而不會有依循要求的意願。然而，能夠運用影響力取得其主管協助且不為上司製造重大問題者，不但可能得到上司的尊敬，也可達到其目標。在這些情境中，堅強的關係與個人權力技巧非常重要。簡言之，經理人必須學著運用關係與個人權力當在無法取得來自正式組織圖中的地位所賦予的環境性權力時。

# 11-2　談判權力的來源

　　當權力可能存在於個人及他們的關係裡時，權力也存在於談判發生的環境，情境，或四周。這些形式的權力通常在短期內不會被發現，因為我們傾向將權力視為永久，以及個人的差異或情境結構所造成的。但在談判中，這些短期的資源是對覺得較少權力的談判者能建立短期的權力基礎，以增加他們權力槓桿的重要及可能的方法。

　　談判者如果沒有與眼前的對方達成協議，可能追求的是替代性方案。可用的最佳替代方案提供了談判者重要的權力，因為談判者可在接受他方的提議，但不是絕對條件間做選擇，只有是否這個替代方案與某些也可用的不同交易可比較。任何一個可行的最佳替代方案使談判者可選擇不繼續現行的協議，或運用最佳替代方案作為在目前談判中達到更好協議的槓桿。具有來自不同研究所提供兩項財務支援的學生，比只有一個財務資助的學生將有更多的權力，來增加財務支援方案的品質，因為他能「以一方對抗另一方」。對他方最佳替代方案的了解也能幫助形塑談判者最初的開價。Buelens 和 Van Poucke（2004）發現對他方最佳替代方案的了解是在談判情境中形塑經理人開價最強的因素，因為他們能測量出如何提出比對手的最佳替代方案更好或更壞的開價。

　　權力戰術的成功大部分取決於如何執行。為求有效，威脅必須能夠特別與可信，目標瞄準他方的高度優先的利益。不然的話，另一方沒有服從的誘因。要確定你為他方留條以「避開」威脅、保留面子的後路，並再次以利益為基礎重新開啟談判。畢竟，大部分製造威脅的談判者並不想真正執行威脅。

## 談判權力的來源

　　權力被視為一種擁有或是一種能力的資源，是一個行為者所持有的（has），所以也很容易描繪出權力分配的狀態（Morgenthau, 1978; Waltz, 1979）。這種權力的概念一直用在洞察預測談判的結果（Bueno de Mesquita, Newman & Rabushka, 1985; Gauthier, 1986; Barry, 1989）。不幸地是基於這樣的解釋，在這個世界上我們可以看到有太多這樣的個案，擁有愈多權力的談判者，此權力是經由軍事力量與其他傳統因素來衡量，在談判上愈可獲得最好的結果，或者至少是平等的地位（Wriggins, 1987; Zartman,

1987a; Zartman & Rubin, 2000）。觀察談判者可運用的權力不同來源是了解運用權力的開始。French 及 Raven（1959）將權力分成五大類：專家、獎賞、強制、合法、參照等。談判權力的來源如下：

1. **專家權**：對某主題有特別、深入的資訊。
2. **獎賞權**：能獎賞他人達成需要完成的事。
3. **強制權**：能處罰他人未完成所需達成的事。
4. **合法權**：在組織內的地位或正式職稱，運用與之相符的權力（例如：總裁或校長）。
5. **參照權**：因個性、正直誠實、人際風格等等諸如此類的特質而獲得尊敬或讚賞。如說 A 對 B 有指示權力，也就是 B 認同 A，或希望與 A 有密切關連。

許多與談判權力相關的討論以上述的內容為基礎，基於此五大類，本章以更廣義的觀點來剖析談判權力，見表 11-1：

1. 權力的資訊來源。
2. 基於性格與個人差異的權力。
3. 基於組織中職位的權力。
4. 以關係為基礎的權力來源。
5. 環境背景的權力來源。

## 表 11-1 談判權力主要的來源　　　　　　　　　　　　　●

| 權力來源 | 描述 |
|---|---|
| 資訊性質 | • 資訊：資料的累積與呈現，以改變別人在某項議題上的觀點或立場。<br>• 專業知識：在某特定問題或議題上已認知的資訊累積或精通的資訊。專業知識可能是正面的（因為對方的專精知識而相信對方），或是負面的（我們不信任對方，對方的專精知識會與我們立場背道而馳）。 |
| 性格與個人差異 | 權力來自於以下差異：<br>• 心理取向（運用權力的廣泛取向）<br>• 認知取向（權力的意識型態）<br>• 動機取向（運用權力的特定動機）<br>• 性格與技巧（對於合作／競爭的取向）<br>• 道德取向（運用權力的思維取向）<br>• 心情與特質 |
| 因職位而取得 | 在組織或溝通的結構中，因某項特別的職位所取得的權力，可產生幾種不同影響力<br>• 合法權力，或來自組織層級體系中的某個主要職位的正式授權；也可能會影響到社交規範，例如：<br>(1) 互惠性，或預期的利益交換<br>(2) 公平性，或預期妨礙別人而付出的回報<br>(3)一依賴性，預期有義務回報無法自立的人<br>• 資源控制，或累積金錢、原料、人力，時間，及可用來作為賞罰誘因的方法。資源控制有：<br>(1) 獎賞權，運用實質報酬或批准的方式來讓別人順服。<br>(2) 懲罰權，運用實質處罰或不批准的方式來讓別人順服。<br>• 基於網絡中位置的權力 |
| 以關係為基礎 | • 目標相互依賴性──談判參與者如何審視目標<br>• 參照權──依據訴求對方共同的經驗，團隊成員與地位等而取得權力<br>• 參照權可能是正面的（因為尊重而相信對方），或負面的（不尊重對方，而背道而馳）。 |
| 環境背景 | 權力來自於談判進行的環境背景。常見的環境背景權力來源包括：<br>• 可用的最佳替代方案<br>• 組織與國家文化<br>• 可以直接或間接影響談判結果的代理人、追隨者，以及觀眾。 |

## 一、十二種談判的力量

| | |
|---|---|
| 1. 合理性地位或職稱的力量：五花八門名片 | 7. 擁有多數的替代方案 |
| 2. 擁有獎賞的能力：守衛 | 8. 對時間的期限沒有急迫性 |
| 3. 對風險忍受的程度：建商 | 9. 對方對你的認知：應該了解後面的影響力 |
| 4. 恐嚇及阻嚇的影響力 | 10. 彼此的相關關係 |
| 5. 專業、知識及資訊控制權：條碼 | 11. 個人的形象魅力 |
| 6. 對方商談的決心 | 12. 掌握狀況並產生影響決策力 |

## 二、增進自我談判的力量

| | |
|---|---|
| 檢視自我談判的籌碼，增加自己談判的力量 | 真正需求 |
| 獎賞或懲罰的能力 | 投資程度 |
| 具有時間壓力 | 認同與先例 |
| 改變認知 | 堅持與說服 |
| 競爭力 | 自信態度 |
| 承諾力 | 合於法律規定 |
| 專業知識 | 使用報酬 |

### 圖 11-2 談判籌碼

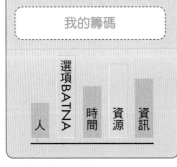

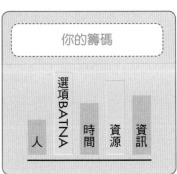

# 11-4 不對等的談判

　　談判成敗的關鍵，雖然是取決於籌碼的多寡，但也非是絕對的。在缺乏籌碼的情況下，即使一個談判高手也難獲得一個令人滿意的談判結果。籌碼是進退的武器，籌碼愈多會愈有利，但它不會平白掉下來，有些是要靠自己去創造。看似不相關的事情，往往能成為牽制對手的籌碼。權力結構的分析方式是透過權力要素的運用，追求既定的目標。目的與手段之間的考量，仍脫離不了成本與效益的評估。談判者經常自問：究竟是權力大的一方獲勝或是獲勝的一方權力較大？談判結果除了受到貿易條件的影響外，最主要的為不對稱的權力。權力結構的分析在預測上有其不足處。掌握了雙方的權力要素及使用權力的能力與意願之後，是否即已決定談判結果？

　　在權力不對稱結構中，例如：上司 vs. 下屬、供應商 vs. 客戶、執行長 vs. 董事會，權力小的一方容易對權力較大的一方過度關注，並且經常為了維護尊嚴與自主性，而使得過度關注的情況演變為過度反應。另一方面，權力大的一方看待權力小的一方時，往往不只專注在個別對方，而更重視整體環境的現況與演變，因此在權力不對稱結構裡的一方經常對權力小的一方過度不關注，無法及時理解並回應對方的行動。美國學者科曼（Peter T. Coleman）和佛格森（Robert Ferguson, 2015）進一步指出當衝突的雙方「權力不對等」時，很容易便會陷入各自的陷阱，掌握較多權力的人會：

1. 較以目的性的眼光看待他人。
2. 講道理的能力會降低。
3. 自以為刀槍不入（覺得做壞事不會被抓到）。
4. 會忽略下屬。
5. 較會違反規定（覺得規則是給笨蛋遵守的）。
6. 變得只會發號施令等。

而權力較少的人則會：

1. 告訴自己不要強出頭（跟那些「大人」說什麼都沒用）。
2. 變得悲觀、產生無力感與間接敵意。

Chapter 11　談判的權力因素

3. 出現「被害者心態」，以為自己有較高的道德立場等。

權力不對等可能源自於結構性權力的差異（如：老闆對部屬的合法權），資訊權（準備較好對於沒有準備的人），或某談判者比其他人有更好的最佳替代方案。在每一種情境中，權力較多的人（與權力較少的人相比）比較有自制力與控制其他人的結果（Magee 等，2007）。有關權力差異對談判結果的影響的研究不少，並有如下幾項發現：

1. Coleman, Kugler, Michinson, Chung 與 Musallam 等人的研究發現（2010），在談判者間，權力與相依程度的差異能導致差異甚大的衝突導向與行為（例如：避免讓事情更糟糕、結束關係、阻撓別人的行為等。
2. 權力對等的談判者多半會合作，而權力不對等的談判者較可能藉由運用威脅、懲罰和剝削手法，產生競爭行為（de Dreu, Giebels & van de Vliert, 1998）。
3. 在關係中有更多權力的談判者有決定談判結果的能力（不論權力的來源為何），但不見得會行使。具權力的談判者也許因為知道一旦行使權力後，對方便會較少參與、較不滿意其角色；若沒有經常審視與監督，對執行與強化結果較不投入。

因此在「不對稱權力結構」下，權力較小的一方，如何進行談判？談判者如何與有權力者打交道，進而以弱敵強，反敗為勝。美國學者哈比（Habeeb, 1988）認為權力並非是單一或固定的，提出權力必須衡量三方面：「總體結構權力」、「特定議題結構權力」、「行為權力」。不論所擁有的資源有多少，只要能夠在議題討論時發揮影響力，就可以改變談判各方的權力平衡。

總體結構權力（aggregate structural power）是指行為者的全部資源和財富。就是一般定義的「國力」，如經濟、人口、土地、軍事力量等，與心理層面運用各項物質資源的策略與能力。

特定議題結構權力（issue-specific structural power）是指談判者在某一特定議題中所擁有之能力包括對議題的「選項」、「控制力」及「堅持度」。特定議題結構權力是談判過程中，對於結果擁有真正影響的直接變數，其分析的關鍵在於個別議題領域中，談判者互動關係與權力的分配。由於談判雙方在

權力結構下有各自的互賴與牽制關係，除非有其中一方可單獨解決問題，否則基於互賴關係，談判必會展開

行為結構權力（behavior structural power）是指談判情境中，談判者所擁有運用談判策略之能力，包括談判者所擁有的「相關資訊」、「談判經驗」及「專業知識」等條件。行為權力就是談判戰術，若戰術運用得宜，可增加談判者的權力，例如：結盟戰術，因為建立了新的結盟關係，可增加談判者的「選項」，因為個別成員原先對某一立場的「堅持」，變成對某一立場的集體堅持，進而增加他對某一立場的堅持，也因為擁有的資源變多，增加了他對談判結果的控制力量。

其他幾位研究者（Watkins, 2002; Malhotra & Bazerman, 2007）特別說明「與大象共舞」的問題（與比你強很多的對手達成協議），並提出低權力談判者在商業交易與夥伴關係中與大咖打交道的方法與建議：

1. 絕對不要做孤注一擲的交易。倚賴單一的一方及與其產生孤注一擲的交易會使低權力者風險過高。例如：某小企業願意只與沃爾瑪（Wal-Mart）做生意，冒著完全受制於沃爾瑪的風險。權力較少的談判者應藉著與多家廠商有生意往來、試圖分散風險。如此就不會有低權力者被高權力者消滅。

2. 削弱對方。在與高權力者（特別是團體或組織）交涉時，應要試圖建立多元關係、進行多邊談判。藉著與高權力者中許多不同個人與部門交涉，能透過關係分散及多邊利益造成「分合進擊」，這同樣也適用於與不同次級的團體合作之中。

3. 壯大自己。同樣的，低權力者應該試圖與其他權力對等者結盟，以增加集體的談判力量。另一方面，如果低權力者試圖藉由更積極「讓自己變大」，會比接受權力較少情況的結果更糟（Donohue & Taylor, 2007）。

4. 透過逐步交易來建立動力。達成初步協議能建立、強化與權力較多者的關係，及可能獲得資訊、技術、創業資金等資源。選擇能從中獲得最多的目標，並最大化交易的能見度。

5. 將競爭的力量轉為影響力。此為一種最佳替代方案權力的變形。若你能提供資源，要確定能給一個以上權力較多者。你若能讓權力較多者相互

競爭想要的資源，就有可能阻止你和其中某競爭對手交易、進而達成協議。

6. 畫地自限。若以限制生意往來方式與對象，會因此作繭自縛、無法施展拳腳。雖然能逼走競爭者，但反而也可能讓自己綁手綁腳、難以動彈。

7. 好的資訊總是權力來源。找出強化你談判地位與實力的資訊。期待這些資訊對另一方會最具吸引或說服力並快速成為最大化的說服力。

8. 提出大量的問題以獲取更多資訊。研究顯示，權力較少的談判者會提出評估型問題而不是主導型問題，並不時展現能產生較佳談判結果的合作意願（de Dreu & van Kleef, 2004）。

9. 盡量掌控過程。如果權力較多者掌控談判過程（議程、節奏、時機，與地點），就會運用方法來確保得到自己想要的結果。若權力較少者掌控過程，比較有可能將協議帶往有利的方向（Watkins, 2002）。

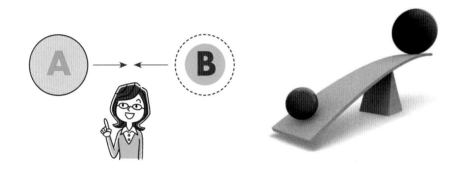

運用權力的技巧提供戰術運用的選擇，包括改變權力結構的平衡、爭取最有力的談判機會等。但在缺乏籌碼的情況下，即使一個談判高手也難獲得一個令人滿意的談判結果。籌碼是談判進退的武器，籌碼愈多會愈有利，但它不會平白掉下來，有些是要靠自己去創造。而在談判中權力可能極難捉摸且非常短暫。只要能給予談判者暫時對另一方的優勢，都能成為權力的來源（如最佳替代方案或某關鍵資訊）。其次權力是影響力；要有技巧地對另一方運用權力、利用影響力，還得要相當程度的經驗與歷練才行。

## 美國談判的特質與弱點

　　美國談判者有很多的特質與優點，了解這些特質後，可以使你更能了解你的對手，並預見可能出現的誤解。

1. 美國談判者通常都做好了充分的準備。他們到談判桌時都已做好了功課，並且以事實，數據，地圖，和圖表來加強自己的談判立場。美國人通常了解他們國家的利益和他們的談判目的。這是第三世界的談判者所沒有的。

2. 美國談判者傾向表述清楚與坦白。某些老美接受盎格魯撒克遜的法律傳統。這是種美德，而不是負擔。但老美偏愛直白的表述有時會引起對其他來自偏愛間接，注重細節，和避免對抗文化的談判者無心的攻擊。

3. 美國談判者傾向較務實而較不會注重口號。他們聚焦於促進他們國家的利益，而不是只擁抱他們所謂的原則。除了雷根政府在第三次海洋法會議時為了理性和堅持的理由，展現出原則比利益更重要。

4. 美國談判者一般都不會將談判視為零和賽局。一位優秀的美國談判者甚至為將自己放在談判對手的位置思考。一位優秀的美國談判者會承認他的對手，就像自己一樣，有一定的不可減少、最低的國家利益。一位優秀的美國談判者會準備從事一場「給跟拿」的過程，並且他相信成功談判的結果不是他自己贏得所有，而他的對手失去所有，而是相互都有收穫與損失，而每一方都有遵守協議的責任。

5. 美國談判者絕不會將開價作為最後的要求。他期待他的對手提出相對的提案或相對的要求。他很渴望達成協議，所以他會向對手做出讓步，並期望對手並非毫無理由的也做出相同的回應。美國人有時會在國際論壇上發火，當他的對手並沒做出相對應的讓步

時。

6. 美國人是相當的坦率與自接，這也反應在他們的談判風格上。美國人通常不會被視為狡猾與會耍手腕的。有位美國談判學者感受唯一一次美國談判者的狡猾是在 1981 年 7 月聯合國支持的對柬埔寨的國際會議上，這個會議針對柬埔寨情勢的提出解決方案，美國受到東南亞國協（ASEAN）邀請參加。

　　所有柬埔寨的各派系也受到邀請參加會議，當然也包括當時稱為紅色高棉（赤柬）的代表。越南也被邀請了，但越南杯葛此項會議。在會議時當紅色高棉領袖走向講臺準備說話時，美國國務卿海格（Alexander Haig）帶著整個美國代表團走出會場，這張走出去的照片登在《紐約時報》的頭版。

在後續的談判中，東南亞國協國家和中國對任何後續柬埔寨協議中，赤色高棉未來的角色起了嚴重的對立。東南亞國協認為依據赤色高棉所承認的屠殺和暴行，這樣在道德和法律上允許東南亞國家接掌政權。而美國要求在聯合國的監督下有組織的公開選舉，為保證自由的選舉，美國監督所有武裝團體依序要解除武裝或停留在集中營中。但中國代表團反對所有這些提案，整個談判是由 25 個國家或組織參與，但整個討論都由中國、東南亞國協主導，而巴基斯坦扮演中間人的角色。然而，巴基斯坦並不是個表裡如一的誠實中間人，基本上提出一系列的修

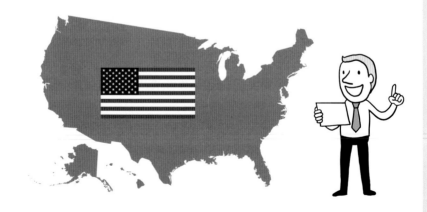

正案以弱化東南亞國家的談判主場。這位美國談判學者假設,因為做為中國的代理人,巴基斯坦是中國的「馬前卒」,但之後知道他們實為美國的「馬前卒」深為震撼,雖然美國代表團走出會場,但為了地緣政治理由私下地支持中國。這是美國談判學者所察覺美國談判者做出狡猾心機行為的少數例子。

## 美國人談判的弱點

1. 美國人談判有項問題是美國談判代表通常面臨很嚴重的來自內部各單位的對手。例如:在聯合國海洋會議期間,美國談判代表團每天早上開會,有時他們內部的會議比在海洋法談判會議還要長。

2. 和美國人談判的第二個問題是美國行政與立法機構的分權制度。我們必須要非常小心如果一項談判協議是需要美國參議院批准的。在談判過程要持續保持與美國參議員的聯繫是非常重要的,以獲得他們個別的意見,察覺他們敏感的議題,並知道所觸及的國內利益和阻擾各方追隨者。

3. 第三個特性是談判中美國私部門和私人利益團體的影響。在海洋會議時,美國談判學者提出不僅要和美國談判代表團和國會議員開會討論,也要和來自海床礦業產業,石油產業,漁業產業,海床科學團體,環保遊說團體的代表,以及對海洋生物有影響的個人開會討論,在美國的政治生活的現實是任何一個這些遊說團體都可以阻止條約的批准。外國談判者必須要了解美國國內的政治流程,並必須以某種方式介入美國內部事務,以保證他們任務的成功。

4. 第四項問題就是美國的媒體的角色,這對美國談判者來說,是比談判對手更有問題的問題。這個問題是因為多多少少來自於美國自身的特性,以及美國人的傾向使得對美國談判者想保持自我的自信都相當困難。

5. 第五個弱點是美國人缺乏耐心,美國人承受「速食咖啡」的特性。他們不像歐洲或亞洲人一樣,買了咖啡豆,每天研磨咖啡豆,煮咖啡,享受咖啡的氣味,然後保留每一口的香氣,美國人沒有時

間。美國人總是匆匆忙忙，並當事務沒有進展時，美國人總是特別有挫折感。美國人是結果導向的。

6. 第六個弱點是缺乏文化敏感度。不僅是美國人，我們每個人都可能是這樣。每個人都假設其他人與我有相同的文化，習俗，行為等。新加坡人是「東南亞的野人」。美國人是對「此地區最不敏感，最少關注」的人。但如果一位專業的談判者在準備有效的談判時應學習到對手的文化，至少應避免對行為，特徵，身體語言簡單的錯誤。最後，不論是印度人，美國人，加拿大人，英國人，任何人只要是位好的談判者就應該具有一定的技巧，高度和脾氣。談判者的特性和性格會影響他談判的效性。有些美國談判者不其他談判看，有些贏得其他人對他的信心。在選擇談判代表時，應選擇能贏得談判對手信任和信心的人而不是像刺蝟（壕豬）一樣將刺捲起，防衛的代表。有甚麼特質能吸引他人的自信與信任呢？這些是在品德上的品質和領導力的品質。如果談判者是位領導人，他應該要具有能力，信賴，可信任的特質，那麼其他人可信任他擔任領導人的角色。

7. 最後，非常驚訝的是在很多國際多邊談判中，美國的談判代表都選擇業餘而非專業的談判代表。對擁有如此豐富的人力資源且人才濟濟的外交界美國，如此選擇代表美國在重要的國際會議中是非常不適當的。

一個優秀的談判者，不論是印度人，美國人，加拿大人，英國人，或任何國籍的人，都需要有一定的技巧，才能與氣質。他的個性與人格

深深影響了他談判的有效性。有些美國人令人反感，有些贏得他人對他的信任。在選擇談判代表時，不是選擇某人像刺蝟般的保護自己的人當代表，而是選擇能贏得他談判夥伴信任與信心的人。是什麼要件能吸引人們的信任與信心呢？這些是具道德品格，領導特質的人。如果談判者是位領袖，這個人必須擁有能力，可信賴，值得信任的名聲，那麼其他人將會信任他擔任領袖的角色。「個人魅力」（charisma）這個字並不有用，因為並不能精確的形塑對某特定談判者所需要的領袖品質。

所謂的美國人談判風格。這是經由美國歷史，文化，政治體制並融合品質，態度，習慣和傳統而成。整體來説，美國談判者具有非常正向的特質，做好充分準備，合理要求，具專業能力及誠懇態度。也願意擔任誠實的中間人，去幫助兩個完全與自我利益無關的團體解決衝突。

# Chapter 12

# 談判的情緒因素

# 12-1 情緒在談判中的角色

　　我們的社會行為都受到個人對對方、情境,及個人利益與立場的感受、分析與感覺所左右。因此了解人類感受周遭的世界、處理資訊與體會情緒是很重要的,才能進一步理解人在談判過程中的行為。絕大多數的人都會把談判者描述成理性,精打細算、安靜沈著及凡事都在其掌握之中的形象。但如 Barry(2008),Davidson 與 Greenhalgh(1999)及其他學者認為多數研究並未充分探討到情緒在談判過程的角色。儘管認知與情緒程序彼此關係密切(Fiske & Taylor, 1991; Kumar, 1997),但卻一直很少有人關注情緒要素及其在談判所扮演的角色。然而,近十年探討心情與情緒在談判中的角色之相關理論與研究,已愈來愈多,其中不乏一些實用觀點(Barry, Fulmer, & Goates, 2004)。心情與情緒主要區分:特定性、強度及持久性。心情狀態較擴散、較不強烈,但比情緒持久;而情緒則較強烈且針對性(Forgas, 1992; Parrott, 2001)。我們可以合理且直覺地假設,情緒在談判互動過程的不同階段中扮演重要的角色(Barry & Oliver, 1996)。心情、情緒和談判是研究新領域,陸續出現許多新穎而令人激賞的發展。我們在此只能提出有限的幾項概述。

　　一個人成功與否不再只倚賴於智力(IQ),做人處事及情緒智商(EQ)等能力才是真正的關鍵。理性判斷不只涉及思考中樞也涉及情感中樞,感覺先將我們引導到一個正確方向,而後純粹的邏輯才能做最佳的決策。「談判理性構面」

　　透過傳統智商強調的語言與數學邏輯所導引的作為。談判可以用理性和感性兩個向度來構成一個決策模式(decision model),此決策模式所處理的乃是動態及強調雙方互動和溝通的實務問題。構成一個完整的決策過程,理性和感性需要維持緊密的和諧關係,感性認知提供理性判斷的基礎,經由理性的判斷可修正,甚至否決情感的衝動。但在任何談判中,你可能遭遇對手:

- 嘲笑你真誠的建議
- 堅持先獲得,根本不考慮付出
- 輕蔑、怨嘆、咆哮,和拍桌子

- 反悔你們先前達成的協議
- 人身攻擊你提案的缺失

　　訴諸這種不當行為的談判者，往往想直接跳進討價還價的核心階段，而不經過剛開始的探索和討論。他寧可直接坐上戰鬥位置，而不要我們所建議的「試探─感受法」，也許是因為此談判者智力和情緒較具挑戰性。能夠清楚情緒和情感對談判的重要影響作用，才能重點掌握情緒在談判中的運用與控制的方法。

　　「情緒」的反面是「邏輯」或「理智」。我們受到專業生活的制約而尊崇理智，依據邏輯來做決定，並假設情緒和這些事無關。但是談判並非黑白分明的情況，理性和感性密不可分。理性的方法會為談判設定目標，並從物質或財務角度評估其結果。但談判過程的本身包含一種能影響過程和結果的價值，顯然是種非理性的價值。有人稱之為「交易性價值」（transactional value）：獲得一種公平交易的感覺，有時候比理性的自利更重要。

## 談判產生的正負情緒

　　談判過程與結果可能產生正向與負向兩種感受。正向情緒可來自受到對方吸引、滿意談判過程與雙方進展，或喜歡談判的結果（Carver & Scheir, 1990；Curhan, Elfenbein, & Xu, 2006）。因此，「好結果」的認知評估會使談判雙方愉快與滿意（Lazarus, 1991）。反之，負向情緒可能來自排斥對方、不滿談判過程與進展，或不喜歡談判結果。Kumar（1997）認為，我們往往只用「愉快」來形容許多正向情緒，但對負向情緒卻有許多詞語來形容。灰心來自失望、挫折或不滿意；而煩躁則因為焦慮、害怕或受到脅迫（Higgins, 1987）。多數研究都同意，情緒感受往往促使談判者採取某種形式的行為，像是開啟、維持或固定，或終止彼此關係。灰心可能會讓談判者表現出挑釁的行為（Berkowitz, 1989），而煩躁則會讓人伺機報復或因此退場。

# 12-2 正向情緒帶來正向談判結果

## 一、積極正面正向情緒通常帶來正向的談判結果

正向感覺較能引導談判者邁向整合型程序。研究證明，對對手富有正向情緒的談判者，會比較願意嘗試整合型協議，並有成功的感覺（Carnevale & Isen, 1986；Hollingshead & Carnevale, 1990）。此外，富有正向情緒的談判者對解決問題比較有彈性，因而較不至於陷入對單一行動的承諾（Isen & Baron, 1991）。所以正向情緒常會能改善談判（決策）過程、創造對對方正向的感覺、使雙方更持續，以及設定未來互動的舞臺。

正向感覺也會產生對對方的正向態度。當談判者喜歡對方時，在談判中就會表現得更具彈性（Druckman & Broome, 1991）。此外，以正向的態度看待對方能增進讓步的機會（Pruitt & Carnevale, 1993），降低敵對的行為（Baron, 1990）。研究發現，積極肯定的態度能建立談判間的信任感，但有趣的是，正向情緒對較具權力一方的影響較大（Anderson & Thompson, 2004）。另一建立信任的方法是運用同理心，也能得到較好的談判結果（Olekalns, Lau, & Smith, 2007）。

正向感覺可促進堅持到底的信念。如果談判者受到正向吸引，就比較會有信心堅持到底，力謀解決彼此所關切的議題，以達成更好的協議（Kramer, Pommerenke, & Newtown, 1993）。一項對幾百個線上談判（透過類似電子郵件方式的電子通訊談判）的研究顯示，表達正向情緒的參與者比沒有表達正向情緒的參與者更能達成協議（Hine, Murphy, Weber, & Kersten, 2009）。

正向的感覺為未來的成功談判搭好舞臺。對對手具正向感覺的談判者會較滿意談判的進行（Halpert, Stuhlmacher, Litcher, & Bortel, 2010），及更傾向於在未來的談判中與相同的對手談判（Reb, 2010）。再者，Curhan，Elfenbein 和 Eisenkraft（2010）發現，在第一回合談判中對所談的事具正向感覺的談判者，會在第二回合談判中達成更好的個人與共同結果。並認為在談判中充滿正向，「能引領出未來發達之路」。Curhan，Elfenbein 和 Kilduff（2009）發現，對求職過程中具正向感覺的 MBA 學生在求職一年後，其工作

與薪資會達到滿意的水準。

## 二、赫布定律（Hebb's rule）

　　加拿大的認知心理學家赫布（D. Hebb）的研究成果，又稱赫布假說（Hebb's postulate）、赫布理論（Hebbian theory），告訴我們：當談判者的情緒低落，例如：萎靡不振時，談判的效率也非常低。隨著談判者情緒不斷提高，例如精神振奮、積極思考時，談判的效率也就隨之不斷提高，當談判者的情緒調整到一個最佳狀態時（如積極思考，研究對策，精神飽滿，思維活躍，就是最佳狀態的標誌），談判效率達到最高。這時，如果談判者的情緒再提高的話（例如：過於興奮，過於緊張），談判的效率會隨之下降。這表明，這些情緒對談判者造成了負面影響，如圖 12-1 所示。因此，談判者在談判中應注意自己的情緒狀態，調適自己的情緒激活水準，力爭把自己的情緒調整到最佳狀態的區間，使自己在談判效率上的潛力充分發揮出來。

圖 12-1　**反轉理論（APter）**

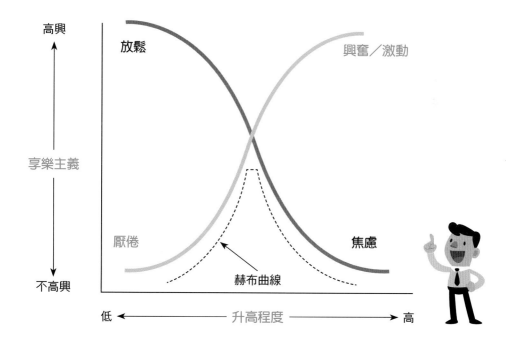

## 三、能導致正向情緒的幾個談判過程面向

　　在談判中要能夠正確運用和控制情緒和情感，能夠與對方建立感情。需能與不同情感類型的談判者進行談判，才能為談判的順利進行打基礎。研究者近來開始探討談判的情緒後果。以下是有關談判過程如何形塑情緒相關結果的兩項發現：

1. **正向感覺來自公平的談判程序。** Hegtvedt 與 Killian（1999）探討情緒反應如何與談判過程中的公平有關。他們發現認為談判程序公平的談判者感覺會更正向，且在談判後，比較不會有負面的情緒表現。

2. **正向感覺來自在社會上於己有利的比較。** Novemsky 與 Schweitzer（2004）發現，當個人在談判後得知自己獲得的結果，比起同樣情況的他人較為優時，對結果的滿意度會較高。但所謂「外在」社會比較（即與其他剛談畢的談判相比）在「內部」比較時卻不成立（即與對手所獲結果相比）。這意謂談判者常認為對手的結果意外地好，即使對方的收穫遠不如自己所得！ Novemsky 與 Schweitzer 認為上述現象之所以發生是因為跟對手（即使與較有利者）比較時，談判者只會專注在此次談判中錯失的機會。

# 12-3 負向情緒帶來負向談判結果

## 一、負向情緒通常帶來負向的談判結果

正如同正向情緒會帶來正向結果，負向情緒也會帶來負向的談判結果。前面已提，負向的感受可能來自灰心或焦慮，談判的一方或雙方可能會感受到這種情緒化表現，而一方的行為也許引起對方情緒的反應。以下是一些特別的研究發現。

1. **負面的情緒可導致談判者將談判界定為競爭型或分配型**。Veitch 與 Griffith（1976）證明負面的心情會升高談判者向對方表現出好鬥的可能性。在談判情境中，這種負面的談判行為最有可能對相關議題採取更具分配型的立場。

2. **負面的情緒可能削弱談判者準確分析情境的能力，不利於個人的談判結果**。在一連串實驗中，Gonzalez, Lerner, Moore 以及 Babcock（2004）發現，比起情緒持中穩定的談判者，怒氣沖沖的談判者在判斷他方利益及回顧自身利益時較不精確。在一項具整合可能性的模擬談判中，憤怒的談判者自身所得到的談判結果也較低，但比情緒穩定的談判者更滿意談判所獲得的結果。值得注意的是，本實驗中的生氣因素與談判本身無關。參加人員是因為先前另一個實驗所激怒的。這種憤怒的後續效應凸顯出消極負面情緒的威力能轉換 對手中談判議題的注意與焦點。

3. **負面情緒可能導致衝突升高**。當心情是負面時──更明確的說，當談判雙方都感到灰心、挫折，並責怪對方時──衝突便可能變成為人身攻擊、爭執的議題會增加，而局外人也會被拖下水。Ray Friedman 等人（2004）在一項有關網上爭議解決的研究中，檢視了 ebay 線上拍賣交易爭 議的仲裁調停。研究發現，由於談判的一方表現的憤怒也激起對方的憤怒，因此大大降低成功解決爭議的機率。但一方的怒氣並不見得一定會引起另一方的怒氣，這要看談判者間權力的分配而定。在一項實驗中，談判者對生氣的談判對手也以生氣回應──但只有在對手無法主導協議內容時。相對地，當生氣是來自於較多權力的對手時，談判者

大多以害怕（而不是生氣）回應，出價因而更寬鬆。

4. **負面情緒會導致該談判者的報復並阻礙整合型談判結果。** 當談判者對彼此憤怒不滿，而先前的互動已使一方伺機反擊時，另一方便可能選擇報復（Allred, 1998；Bies & Tripp, 1998）。研究顯示，談判對手憤怒的表現導致談判者表面上讓步，但也會找機會私下報復（Wang, Northcraft, & van Kleef, 2012）。負面情緒也導致較不有效的談判結果。談判者愈要對方為前次所破壞的情緒負責，愈會不滿對方，也不會有同理關懷的感覺，也因此更不關心對方的利益，也無法找出有利雙方的解決方案。

5. **負面情緒的影響不盡相同。** 生氣會導致衝突升高與助長報復，但較不「激烈」的負面情緒呢？例如：擔憂、失望、罪惡感，以及懊悔？van Kleef, de Dreu 以及 Manstead（2006）檢視了人們對具有此類情緒的談判對手的反應。他們發現，談判者對擔憂或失望的談判對手提出較少的要求，可能是因為對其處境感到抱歉，但對罪惡感或懊悔的談判對手做出較少的讓步。然而，談判者認為懊悔的對手更具人情味，故對其比表現擔憂或失望的印象較好。

談判過程的面向也可能導致負面情緒，如對正向情緒的研究，對負面情緒的研究探討，也才興起而相當有限。目前有三項發現：

1. **負面的情緒可能來自競爭心態。** 與抱持整合的談判者相比，對談判抱持固定大餅的談判者較不滿意談判的結果。這可能是因為視談判為零和競賽，對方的所得代表我方的損失。個人主義（自我中心）談判者在同樣的脈絡下，比抱持社會（利他）價值導向的談判者，較不滿意談判結果（Gillespie, Brett, & Weingart, 2000）。

2. **負面情緒可能來自於談判僵局。** 談判者在談判陷入僵局時，會更易表達出憤怒與挫折等負向情緒。然而，此兩位專家發現，對本身談判能力較自信的談判者較不會在談判陷入停滯時產生負面的情緒。陷入僵局往往並非壞事。因為重點在於是要達成滿意的結果，而不僅只是為了達成協議。

3. **負面情緒可能僅是來自於談判即將開始。** 我們可假設不具經驗的談判者對即將來臨的談判多感到緊張。Wheeler（2004）指出，即使是有

經驗的談判者要面對對手時也會焦慮。他點出幾項在談判開始時造成焦慮的來源：懷疑自己的能力、關切對手的態度或可能的行為，以及「對談判會如何發展的不確定性」。然而，不是所有的焦慮都是壞事；Wheeler 認為焦慮能刺激創意，幫助產生建設性結果。

## 二、正向與負向情緒對談判的影響

正向情緒可能產生負面的結果，而負向情緒也會帶來互利的結果。說明如下：

1. **正向感覺可能產生負向結果。** 首先，抱著正向心情的談判者較不會細心檢驗對方的論點，結果易受傾向競爭對手所耍的伎倆所蒙騙（Bless, Bohner, Schwartz, & Strack, 1988）。此外，由於正向的談判者較不注重對方的論證，彼此可能無法達成最大化的結果。最後，如果正向的感覺產生對正向結果的強烈期望，但談判者卻又不能達成整合型的協議，談判者的挫敗感可能更為嚴重，且可能會以更嚴苛的心情看待對方。

2. **負向感覺可能產生正向的結果。** 正如同正向的情緒能產生負面結果，負向情緒也會產生談判正向的結果。一般來說，在職場中適度輕微以口頭表達怒氣而非動手的話，能產生正向的整體結果。在談判中，負面情緒具有提醒談判者得特別注意形勢艱困的功能，也許可讓談判者暫時離開現場，或解決當下難題（van de Vliert, 1985）。也有證據顯示，當談判者使用會引發負面情緒的語言時，其他談判者會更樂觀，認為談判會成功解決。Schroth 等人注意到，若引發情緒的談判者的用意在於傳遞目標的嚴肅性、期望討論專注在目標上，這樣樂觀的態度是合理的；但若重點僅是在運用（或對應）權力的話就不是。總之，憤怒及其他負向情緒能傳遞危險警訊，促使雙方勇於直接面對問題、尋求解決方案。

當然，憤怒也是表達一個人是強硬或具企圖心的訊號。研究發現，談判者對憤怒的談判對手的讓步比對快樂或沒有情緒的對手來得多。做出讓步是因為談判者會將憤怒解釋成某種威脅。然而，憤怒並不必然誘發對手的讓步。有時反而會激起另一憤怒或競爭性的回應（Friedman et al., 2004）。所以憤怒到底何時會導向和解，又何時會引出競爭性的回應？

van Kleef 與 Cote（2007）認為這要看憤怒的適當性：在他們的研究中，當談判者視對手展現的憤怒是合於當時的情境時（例如，當很明顯憤怒的談判者有合理的理由時），談判者會做出較低的要求與較多的讓步。但即使有時候在競爭性談判時需要展現憤怒（作為強硬或不願妥協的信號），有時也會得到適得其反的效果。在以下兩種狀況時，展現憤怒較不能促進讓步：接收憤怒情緒的一方：(1) 有機會以欺騙回應時（例如：傳達錯誤的自我利益）或 (2) 沒有甚麼關鍵議題，不怕憤怒的對手對提案說不。我們討論了談判者的負向情緒會如何影響談判對手的行動或情緒。但也有証據顯示，負向情緒能對當事人本人有利。在針對於憤怒情緒的研究中，相當有實力的談判者（手中握有不錯的選項）能從憤怒生氣中得利：由於認知上更專注並積極堅持；結果在交易中會獲得更多價值。另一方面，對弱勢的談判者（沒有其他選項）來說，憤怒會失去重心、亂了分寸，而產生出較差的談判結果。

## 三、對負面情緒的回應

情緒在談判中是不可避免的，想要避免或根除也不合實際。談判學者 Barbara Gray 認為，有效的談判者知道該如何處理對手突然爆發的情緒，即便對方可能只是在測水溫。她提出一些處理方法：

1. **將情緒與表達分開**。也許情緒是他方傳達重要利益的信號方法。為什麼他方要如此表現？什麼利益重要到需要用這種方式去捍衛？

2. **扭轉局面**。將你自己設身處地，然後問「為什麼我會有這種行為？」這也許能幫助你找出哪種狀況能合理化這種情緒性的爆發。這並不是說要接受他方（無法接受）的行為，而是視為反映談判中某些可確認的需求或利益。

3. **將表現出的情緒回應給對手**。有時強烈的感受僅是對方希望能被聽到的一種跡象。讓對方知道你在傾聽並瞭解觸動情緒的原因。這不表示你同意他的想法或對任何事讓步；你只是表示出你的同理心及彼此的人性。對方要的也許就是這麼多。

4. **提出問題以發現隱藏於情緒背後的議題與利益**。瞭解隱藏的關切能讓你從情緒轉移到實質，並成為談判桌上的議題。

可以策略性運用情緒作為談判的籌碼。目前本章所探討的都假定這些情緒

都是可能真實發生的。由於情緒有可能影響某方觀點，因此也可在談判中策略性運用情緒。例如：談判者可能會刻意操控情緒促使對方採納某些想法或採取行動。Barry（1999）曾研究談判者評估自我操控情緒的能力（諸如：憤怒、嫌惡、同情、熱誠、關愛及喜歡），並評斷其在談判中運用情緒欺敵的正當性。參加該研究的談判者都認為情緒操控是為相當適當的戰術——勝過談判資訊層面（目標或計畫或底線）的欺敵手法。談判者在發揮情緒操控能力時，也比其他形式方法更顯自信。但須記住，運用人為操控情緒的手法與其他詐騙伎倆一樣，在道德上仍有可議之處。

　　Kopelman, Rosette 以及 Thompson（2006）曾進行一系列實驗，檢視如何策略性運用正向與負向情緒以影響談判結果。在他們的研究中，被告知採取正面情緒語氣討論的談判者，比起使用負面或中性情緒語氣的談判者，較有可能達成彼此間共建商業關係的協議。該研究也發現，展現正面情緒的談判者較有可能誘導雙方遵守最終協定。

　　許多論證亦指出對方情緒對談判者策略選擇的影響。van Kleef, de Dreu 和 Manstead（2004）所做的研究發現，談判者會追蹤對方的情緒並依此調整自己的策略。特別是與憤怒的對手談判時，對手的怒氣會威脅到談判結果時，往往提出較低的要求，較小的讓步。同時，如同我們之前提出的，證據顯示談判者對憂慮或失望的談判對手提出的要求較低，但對表現出有罪惡感或悔恨的對手要求較高。他們同樣對前次談判中表現憤怒生氣的談判者要求較少，這些研究證實負向情緒的效果會從這次延伸到下次的談判。

　　最後，除了策略性（真實或做作）展示個人的情緒外，談判者也可能要處理關注對方的情緒。Thompson, Nadler 以及 Kim（1999）指出，有效的談判者能夠視對方的情緒狀態而調整「情緒調控」的程序。有些心理學家將此情緒與調適能力稱為情緒智商（EQ）（Mayer, Salovey, & Caruso, 2000）。總之，情緒是談判交涉中最重要的元素，能補充談判傳統上被視為理性決策過程的看法。在傳統的看法中，我們藉由檢視談判者衡量資訊，做出判斷以最大化它們的結果來瞭解談判。談判者被視為會算計、冷靜與自制性高的理性行為者。但研究者逐漸發現，只要是人介入談判，就可能背離理性判斷，也可能在舉足輕重的關鍵時刻表達情緒。談判中情緒的角色很複雜，因為人類情緒的本身就是隨時變動著與複雜的。

　　重要的是談判者瞭解對方的情緒反應，如何管理僵局，必須要解決認知

上、情緒上及行為上三個層面，許多解決僵局的方法只向消除多變的情緒，對此 Lewicki, Saunders 和 Barry（2015）提出八個可行的策略：

1. 在規則及程序上大成協議。
2. 降低緊張併同時減少敵意。
3. 改進溝通的準確性，特別是改進彼此認知的了解。
4. 控制爭論的數量及範圍。
5. 建立協調基礎的共通立場。
6. 提升建議之選項及替代方案的有利條件。

認清內在的非理性惡魔：你所做的一切並非百分之百出於理性。在你做計畫時，把這種非理性因素納入考慮，並承認你的情緒會影響判斷，且可能感染談判桌另一邊的對手。在談判時注意你的直覺，如果你感覺樂觀，這時候可能是提高賭注的好時機；如果你的積極建議化為言語，讓你心虛，那也許是開始研究折衷方案的時候。

請注意：衝動行事不同於遵從直覺。如果你感到一股衝動，應該要花點時間省思，但別壓抑或拋棄它；它可能引導你找出你迫切需要的突破。

記住，你的對手不只是從意識的層面回應你—聽你說的話，和冷靜思考它—他也接收你所發出的弦外之音。因此，惡性循環很容易觸發：你「想」你已經很理性地解釋你的立場，但不受你控制的情緒添加了某種意味在你的話中：他「感覺」到你的情緒，並以他自認理性的方式回應它，但他的情緒和你最初的情緒扭曲了訊息；你「感覺」到這種扭曲，並作出回應。

這正是為甚麼在任何情緒緊繃的時候，「叫停」是關鍵技巧的原因。把距離拉大，找個空間，安排一段冷卻期，以打斷惡性循環。

# Chapter 13

# 科技對談判的影響

　　儘管面對面談判方式是最古老、最廣泛、最經常使用的談判方式，具有較多的優點，所以，大多數的談判方式的選擇均以充分發揮面對面談判方式的優勢為原則。一般地，在下列情況下運用面對面談判方式較為適宜：

　　1. 比較正規的談判；2. 比較重要的談判；3. 比較大型的談判；4. 談判各方相距較近；5. 談判各方認為面對面談判效果較好，方式較佳，及本次談判最為適宜時。

　　面對面談判除了可即時的使用語言進行雙向溝通外，還可以藉助於非語言的線索（nonverbal clues），例如：表情、聲音、語調、手勢、身體姿勢等，觀察及推測對手所表達的真正涵義為何。因此在談判者之間造成的心理距離最短，傳達的訊息最豐富，不容易造成誤解。在面對面的互動環境中，人們可藉由各式的資訊線索來形塑自我的形象（Brewer, 1988）。關係的建立是談判致勝的關鍵因素。Morris 等人（Drolet & Morris,1995, 2000; Moore, Kurtzberg, Thompson, & Morris, 1999）的研究發現愈多的面對面接觸將促成愈多和諧一致的關係，也將導致更受雙方喜愛的談判結果。相較於其他的溝通管道，談判雙方在面對面溝通的情境下更容易發展和諧的人際關係（Drolet & Morris, 2000），也較傾向於透露真切的訊息，增加彼此互利的機會（Valley, Moag, & Bazerman, 1998）。

　　但面對面談判方式也有一定的缺陷，可歸納如下：

1. **容易被談判對手了解我方的談判意圖**。面對面的談判方式，談判對手可以從我方談判人員的舉手投足、語言態度，甚至面部表情來推測我方所選定的最終目標以及追求的最終目標的堅定性。
2. **決策時間短**。面對面的談判方式，往往要在談判期限內做出成交與否的決定，不能有充分的考慮時間，也難以充分利用談判後臺人員的智慧，因而要求談判人員有較高的決策水平，如果決策失誤，會使我方蒙受損失或是失去合作良機。
3. **費用高**。對於面對面的談判方式，談判各方都要支付一定的差旅費或禮

節性的招待費等，從而增加了商務談判的成本。可以說，在所有的談判方式中，面對面談判方式費用最高。

此外，面對面談判方式比較耗時，而且客戶聯繫面相對較窄。

## 使用科技非面對面談判的情況

由傳統的「談判桌」這三個字，我們可能會認為一般談判都是面對面進行，然而，隨著資訊科技的進步還有網際網路的普遍，除了面對面溝通之外，當事人可透過許多溝通媒介來進行談判，舉凡電話、文件傳真、即時通訊軟體、電子郵件、視訊會議等等。不同的溝通方式帶給談判者不同的溝通經驗，溝通管道的選擇對於談判的過程與結果確實有重要的影響力（Bazerman et al., 2000）。任何的溝通媒介將同時影響溝通圈（communication loop）的末端、當事人所分享的資訊還有資訊傳達的方式。

# 13-2 電話談判

電話的本質使得每件事發生的時間比面對面開會快很多。人只具有在有限時間內通話的能力，很容易這麼想：「已經夠了，我們快點談完吧。」這是一項極為不利的因素，因為雙方只能得到較少的資訊。當然，你一旦知悉電話談判所隱藏的陷阱，就能在經過練習之後，利用電話來增加自己的優勢。

## 一、便利性

電話的便利就是它最大的缺點。如果你是接聽電話的一方，它發生的時點可能會危害到你的談判策略。你無法控制來電的時點，電話隨時可能在你處於未做準備、心有旁騖或沒有心情談判的狀態下響起，來電立刻中斷了你當時手邊正在進行的事情、打擾了你身邊的人、影響了你的時程表，讓你立刻處於劣勢。

## 二、各種電話陷阱

電話通常在混亂的情況下響起。參加面對面會議前，你會準備好完整的目標表列、議程討論要點，以及一疊記有研究結果的資料，準備發給與會者，而支援你的團隊成員也齊聚一堂，幫助你提出令人信服的主張。但使用電話時，你卻無法做充分準備，充其量只能在電話中談談議程而已。如果打電話的人是你，你幾乎可以確定對方是處於未做準備的情況。每一通電話談判都要面對的一個大問題是：「一方或雙方將會忘記的事項，究竟有多重要？」

以下是電話談判時，建議將為你贏得極大優勢的方法：

1. 去電前，為自己寫一份書面事項表，把你想提及的所有重點按優先順序列出，不要遺漏，無論於何時接到他人的來電，都請你問清楚對方的確切意圖，專注傾聽，並記下對方説的話。這應該是單方向對話——他説、你聽。為釐清對方的語意，你可以發問並偶爾加上一句：「我知道了。」然而有意義的討論並未開始。
2. 在通話結束前，你只要説：「你來店的時間很不巧，但我現在剛好有點事，我會再回你電話。」如此即可。

電話談判最大的一個缺點，是無法對聲音以外的任何事物做出反應。你看不見對方的任何臉部表情、肢體語言或互動。我們通常用來判斷自己送出的訊息對他人有何影響——或判斷對方在提出主張時的確信程度——的許多方式，完全不存在電話上。《向川普學談判》（*Trump Style Negotiation*）一書作者喬治 · 羅斯（George Ross）指出現代科技容易讓人分心，談判時應小心不讓注意力失去焦點，專注在目標。

1. 商務電話可能在你完全沒準備時響起，或中斷你正在進行的事，你應該主動打電話，把電話的缺點變優點。
2. 電話談判的缺點是讓人事後很容易忘記說了什麼，且容易受干擾，因此你必須更專注，有時也可利用干擾，中斷不利於己的談話。
3. 仔細傾聽並記錄下電話中溝通的細節，將談話結果寄給對方，因為大部分的人對低估電話的重要性，因此你必須好好利用。
4. 電子郵件必須重視用字遣詞、語氣及標點符號，才能讓對方留下好印象。
5. 不管是電話或電子郵件，都是談判的一部分，不應該輕忽其重要性。

# 13-3 線上談判

　　與電話談判不同，線上談判是指利用網際網路、電子郵件（e-mail）、視訊會議等電子方式進行的談判。科技進展帶來的便利性，消費者消費方式已從實體通路進行交易，逐漸為虛擬通路所取代。隨著全球化經濟的影響與網際網路科技的普及，發展出電子商務市場，而伴隨著電子商務市場的成長，線上談判活動在許多商業行為中所扮演的角色也愈來愈重要，諸如議價、簽約等。因網際網路的全球可連結性，大大的增加了不同國家、文化的談判者進行線上談判的機會，於是跨文化的線上談判日益普遍，因此造就了跨國談判的新局勢。特別是在 2020 年開年後，全球籠罩在新冠肺炎 COVID-19 疫情的衝擊。在啟動對此流行疫情防護工作中，也改變了世界的樣貌，從生活、工作、學習、娛樂、社交，各面向都受到程度不一的影響。因為被迫維持社交距離、降低接觸、打造非接觸環境，使得視訊會議、遠距辦公、學習盛行起來，許多人發現數位化的重要性與急迫性；專家學者預估，數位化腳步可望加快五至十年，這也為相關產業，帶來全新商機。一方面新興半導體、人工智慧（AI）、5G 等高科技產業的戰略地位，一方面發展智慧生活、健康樂活、永續環境等應用，也改變了傳統談判溝通方式。

## 一、線上談判的特性

1. 多方實施即時通訊和對話。使用網際網路、電子郵件 e-mail、視訊會議、各種社交軟體，如 LINE、微信 WeChat、臉書 Facebook、Whatsapp、Instagram、抖音 tiktok、QQ 及 MSN 等，進行即時資訊交流，即時溝通對話，共用資源等。
2. 提高談判者參與度。除了滿足一對一的線上對談外，線上談判可以完成多點下的談判。提高多人多點談判的可能性，大大提高談判的整合性。
3. 可以節省費用，理性地處理談判中的問題。談判者彼此間存在一個緩衝區，使談判者在時間和空間上進行更周密的思考。
4. 提高文檔處理的效率。節省了大量的記錄工作，提高了效率，降低了成本。
5. 具有較高的安全性。用戶身分識別、安全和保密技術。

## 二、線上談判的缺點

即時通訊軟體的廣泛應用，使得談判從雙方在同一個時間、地點進行面對面談判，拓展至跨時空的各項線上談判。但在非面對面線上談判情境下，無法完整呈現一個人所傳達出來的所有線索，僅能看得到文字或聽到聲音，互動雙方的目的、用意很難偵測出，雙方無法利用非語言方式進行溝通，例如：身體語言、微笑、眼睛等來進行更多的自我意向顯示。或者很難判別對方付出的東西價值，和我方付出的是否等價，談判雙方不易建立信任關係，甚至可能無法查覺對方的欺騙戰術。也因為雙方無法從對方獲得及時的回饋，這在無形中降低了談判者達成交易的動機。透過科技通訊軟體進行談判，談判者傾向於採用強迫型談判策略，並於談判過程中體驗到更多的緊張感（Giordano et al., 2007），線上談判者比面對面談判者更傾向於分配型談判行為（forcing、competing、dominating）。

隨著商業全球化，未來企業利用資訊科技與網際網路以節省時間成本、人力成本與交通成本等的機會將大幅提升。為提高商務談判的效率，透過視訊會議、電話會議、電子郵件或是即時傳訊軟體等進行談判，已逐漸取代直接面對面的互動。因此，談判者將不可避免地有更多機會進行線上談判。為了降低因採用線上談判而增加談判者採用不道德談判策略與分配型衝突解決風格的可能性，本書提出以下兩點建議：

### 1. 輔以視覺輔助的視訊科技

少了聲音和視覺輔助，將導致個人採取較不合作的談判行為（Wichman, 1970）。另外，Sproull et al.（1996）認為人們於線上溝通的回應將因界面所提供的「人情味」而有所差異。舉例來說，在一個職業諮詢系統的調查中發

現，相較於純文字顯示的界面，處於面對面談話的界面時，將喚醒當事人更多的注意力。相較於電子郵件、即時傳訊系統與電話等，擁有視覺輔助的視訊科技能使雙方以同步的模式進行面對面溝通，拉近彼此距離，增加雙方親密度，適時減少因採用非面對面談判而帶來的視覺匿名、形體距離與電子郵件往返間的等待時間等，並增加可協助雙方建立和諧關係、或是藉以推測對手欲表達的真正意思的非語言的線索。

## 2. 建立雙方和諧關係

　　為達成整合型協議談判結果，Drolet 與 Morris（2000）認為談判雙方可藉由和諧關係的培養以建立雙方信任感。Morris et al.（2000）建議談判雙方若能在進行電子郵件談判協議之前以電話溝通管道閒聊，將達成更多的談判協議、促進更好的結果、增加彼此的合作還有信任，且雙方也能更樂觀地面對未來的合作關係。此外，Lee 與 Dawes（2005）認為對華人來說，將會因團體內或團體外的不同，而對他人採取差別對待方式。樊景立與鄭伯壎（2000）研究提出華人是以彼此關係基礎與人情程度而對他人有差別的對待方式。因此，本書認為，對於尤其傾向集體社會主義的東方人而言，若能在進行線上談判之前，先以面對面接觸的方式，進行單純培養人際關係的閒談，則有助於雙方建立信任與和諧的關係。

## 線上談判的八項挑戰

在使用不同的溝通媒介所進行的談判中，當以透過現代科技，非面對面式的談判使用愈來愈多時，對談判互動造成主要八種挑戰：1. 爭議性增加；2. 資訊分享減少；3. 團體互動過程中合作減少；4. 私密性減少；5. 信任減少；6. 負面因素效果增加；7. 談判參與者的承諾與投資減少；8. 聚焦減少。

### 一、爭議增加

各種線上談判要比面對面的對話更容易受到干擾中斷。因為距離的關係，降低了社會臨場感，減少了責任感，增加了不公開的匿名感，更多的發誓、點名、汙辱，敵對的行為產生。談判成為一種隨便粗暴的場域。

因為談判雙方能面對面促使敵對，爭議的行為，特別談論在匿名與距離的保護下，認為自己可逃避某些責任，降低了原本自我反對的道德標準。

揭開自我的面具，在別人眼中表現出更具人性，真實的自我。這種揭開自我面具的過程包括分享個人資訊，建立親密和善關係，透過分享的語言，或分享的地理或分化上的參考值，而降低了距離的感覺。

1. 在揭開面具的過程中，會小心的決定要分享哪項自我，以避免任何預期的偏見。1993 年 7 月 5 日的《紐約客》刊登的一則漫畫中，描述兩隻狗坐在電腦前，一隻正在打字的狗轉頭對另一隻狗說：「在網際網路的世界中，沒人知道你是一隻狗。」（On the Internet, no one knows you are a dog.）

2. 揭開他人面具，記住：同樣有個人隱身在對手的幕後，不論這人是否遇見揭開自我面具。他們將會對你的提案做出情緒性，認知性的回應，而你必須面對處理。

3. 線上談判，需更多非同步性的回應、思考。可再三重複閱讀所收

到的資訊，而不做情緒性的回覆。特別以智慧型手機溝通時要十分小心，很多人都做出比應該要做的，更多的立即回應。

**我們在電腦前有多少面像**

### 二、團體間過程合作減少

透過電子郵件等現代科技談判的談判者會降低判斷對手利益的精確性。這將影響他們精確地評估各種不同偏好的能力以及找出共同的收穫。

依鍾從定與黃珈甄的研究顯示（2014）顯示對臺灣人而言，以線上溝通媒介進行談判，將正向地影響談判者採用傳統競爭議價、攻擊對手網絡、虛假的承諾、不實的陳述及不當的資訊蒐集等五種不道德談判策略。

實務上

- 當在討論自我主場及詢問對方立場時，要常常刻意地使用利益相關的語言。公開地使用過程合作的語言，必試圖使得對方也使用同樣的語言。這樣也許會促昇對過程合作的需求。
- 運用平臺：你有機會陳述你心中的話，說出你想要的，並解釋為什麼你應該得到它。沒有人能對你咆哮，禁止你說話。多利用此種科技平臺。
- 在多邊互動中，如果有一方主控了彼此對話，而其他參與者都沉默不語，你就應該邀請這些沉默者參與其中。

# Chapter **14**

# 談判時該怎麼吃，該怎麼穿

　　在與客戶談判中，人的生理需要主要體現為吃、穿、住、行等維持生存與保持精力的需要。談判是項複雜耗時的過程，談判雙方都要付出很多的腦力與體力，滿足基本的生理需求，保持旺盛的體力，清晰的頭腦，是獲得整合性談判結果的基礎。

　　2017 年 6 月一篇發表在《美國國家科學院院刊》的研究指出，吃下富含蛋白質的食物後，血液中酪胺酸（tyrosine）的濃度會上升。吃下富含碳水化合物的食物後，血液中色胺酸（tryptophan）的濃度會上升，因此只要在一頓飯裡的營養成分比例動點手腳，就足以改變人們的社會決策行為。吃得可口是指談判人員對飲食方面的要求，如果你馬上要參加一場艱苦的談判，不妨先吃一片麵包。德國研究人員發現，麵包、麥片以及其他碳水化合物能讓人更自信，不會輕易接受不公平條款。參與者在早上 8:30 抵達實驗室，吃了一頓由研究者提供的豐盛早餐之後，繼續在實驗室待到中午，並在 12 點時執行「最後通牒賽局」（ultimatum game）這個作業。參與者被分成兩組，兩組吃的是不同的早餐，其中一種的碳水化合物／蛋白質比例高，另一種的碳水化合物／蛋白質比例低。

　　參與者在這個實驗的最後通牒賽局中，一律扮演響應者的角色，也就是負責決定要不要接受提議者所提出的提議。在所有的提議中，有的公平、有的不公平（也就是提議者自己分到比較多，響應者分到比較少的提議），可以想見當參與者遇到不公平的提議時，較有可能做出拒絕的決定。不過吃了不同早餐的兩組參與者，在遇到同樣的提議時，會出現不同的反應嗎？結果是，吃了（高）碳水化合物／蛋白質比例早餐的那一組，在遇到不公平的提議時，有較高的拒絕率。而且他們只針對不合理的提議才出現比較高的拒絕率，並不是不分青紅皂白地拒絕所有提議喔！

　　更進一步分析發現，雖然兩組人血液中的酪胺酸濃度、色胺酸濃度以及血糖濃度改變率都有所不同，但這之中只有酪胺酸濃度的下降，和針對不公平提議拒絕率的上升有所關聯。

　　以醫學教學為特色的德國盧貝克大學（Universität zu Lübeck）研究人員設計了兩項測試。第一項測試中，研究人員先讓受測者記錄下自己早餐吃過

的食物種類，接著讓他們與電腦玩《最後通牒》遊戲——電腦與受測者分錢，但電腦分得大多數。受測者要麼接受這一「不平等條約」，獲得金錢，要麼拒絕，一分錢拿不到。結果顯示，吃了高碳水早餐的受測者中，有 53% 拒絕了電腦的提議，但吃其他早餐的人中拒絕比例只有 24%。

在第二項測試中，研究人員給受測者吃特製早餐：早餐熱量均為 850 卡，但一組受測者早餐中八成為碳水化合物，另一組只有五成。結果顯示，高碳水組中，69% 的人會拒絕不公平提議，比低碳水組高出近 10 個百分點。

研究人員為受測者抽血檢測後發現，吃高碳水食物的受測者體內多巴胺水準高。這種物質能讓人更開心、更有信心。因此，這些受測者才會因為相信自己未來還會獲得獎勵而拒絕眼前的不公平提議。相反，多巴胺少的受測者會認為自己需要盡量抓住眼前的機會，因此妥協。所以在談判用餐時應注意看看你的對手吃些什麼。

要上場談判之前，先吃蛋白質，再吃碳水化合物，才能避免昏昏欲睡，迷迷糊糊，使思考更清楚，反應更敏捷。

建議菜單：魚排，沙拉，蔬菜，豆類食物。
避免食用：牛肉，米麵，乳酪，甜點。

## 一、談判場合要怎麼穿

　　服飾禮儀在一定程度上反映了一個國家、一個民族、一個地區或一個人的文明、文化程度和社會、道德風範。得體的服飾,不僅是個人儀表美、素質高的表現,而且是對他人的尊重。懂得並掌握必要的服飾禮儀,是商務人員必須具備的基本素養,也是整體談判策略的一部分。

　　服裝會說話。現代上班族無時無刻不面臨談判,不管是議價、比稿或談生意,甚至是出國洽公,不管是大談判、小談判,談判時最重要的,是讓自己有信心,且能引起對方信任、注意或重視,如果對方與你素未謀面,肢體語言與穿著展現的第一印象更重要,服飾業者一致認為,象徵穩重的黑色、深藍色、鐵灰色,是談判時的最佳顏色。所以在公務洽商時除了展現便給口才外,適切的服裝穿著,更能予人良好的第一印象,甚至在談判時,都可以先聲奪人。

　　在談判時,深色西裝最具說服力,這也是為何正式談判場合,男性都要穿深色西裝。據了解,紐約華爾街的男人,都要有一套深藍色西裝。襯衫則以白色、淺藍等最宜,在談判場合,深色西裝配白襯衫是最安全選擇,襯衫的條紋愈細愈正式,盡量不要穿格子襯衫,因為格子襯衫休閒味較濃。根據服飾心理分析,深藍色的雙排釦西裝和淺藍色系襯衫組合,會帶給自己強烈的自信,表現出企圖心十足的積極印象,具有談判的權威感;再加上事前的周全準備,相信在談判會議上必能主動贏得成功契機。而夾克和保守的灰色單排釦西裝,則會帶給對方溫和的印象,沒有壓迫感,較不具氣勢,適合協調會議時穿。因此,這樣的穿著會讓穿深藍色西裝的對方,更自信的主動掌握先機。就色彩心理學而言,黑色彰顯威嚴與專業;紅色彰顯自信與注目;白色彰顯可靠與誠實;粉色彰顯友好與親切;藍色彰顯平靜與安心。

　　另外,男性可以用領帶表現個人特質,領帶圖案應呈規律排列,參考國際禮儀協會的資料及色彩的專家研究,領帶上的規律圖案或整齊花紋代表實在、公正,通常深色領帶較有成熟感,底色較淺的領帶較有親和力,年長者在穿著上,讓自己年輕 5 歲是很道德的,如何展現年輕感覺?同樣是鐵灰色西裝,較亮的灰色,感覺即較年輕。所以與人洽公或談判時,如果對方別的是刻有個

人名字的袖扣，或是領帶和襯衫的顏色一樣，通常會引起他人的注意，因為這表示，這個人很重視穿著細節。

女性參與談判時，若要掌握服裝上的氣勢，在服裝的色系上，可選擇深色系較具權威感，例如深藍色、黑色、咖啡色等；服裝的款式，愈是簡單俐落，愈能將自信的一面展現出來。也就是以正式的套裝為主，最能展現權威感，可搭配同色系襯衫。年輕女性裙長不超過膝上三公分，年長女性裙長應過膝。長及足踝的長裙，不夠俐落，無法展現效率，談判時不宜穿著。另手錶、筆、筆記本、公事包，能為妳整體的價值感加分或減分。談判時若穿錯鞋（如深色西裝配米色皮鞋）、戴錯手錶（金錶、鑽錶或休閒手錶）、或拿出一本爛爛的筆記本，都會讓談判對手對妳的印象大打折扣。

因為工作關係時常要出國的女性經理人，黑色衣服是出國必備的顏色，因為從白天工作到晚上參加晚宴都適用，晚上穿黑色衣服，有色彩的小飾品（如圍巾、別針）就顯得特別重要。

圖片來源：作者自行拍攝

## 二、男性不著花襯衫、女性不穿花蝴蝶

談判時男性切忌穿非正式的休閒裝，運動裝；女性切忌穿得太露、太透，也切忌佩戴太多首飾，適當點綴一、兩件即可。除了有些顏色不宜，還有一些

禁忌值得特別注意，例如：男性穿花襯衫、打卡通領帶或大花領帶、穿白襪子、戴鑽表、戴金表都是談判時禁忌的穿者。

　　女性方面，過於女性化穿著亦不宜在談判場合出現，如蝴蝶結、喇叭袖、荷葉邊、細跟高跟鞋、有圖案的絲襪、網襪等。另外，及足踝長裙、毛邊領、透明蕾絲、透明紗等，都不宜談判場合穿著。在款式設計上，減少蕾絲、荷葉邊、亮片、珠珠、流蘇等太複雜細瑣的設計，因為這樣會減少妳的權威感。

**表 14-1　談判場合合適服裝的顏色及意義**

| 顏色 | 代表意義 |
|---|---|
| 黑色 | 權威感 |
| 深藍 | 決策者的顏色 |
| 深灰 | 促進說服力 |
| 白色 | 可溝通的，有自我意識的 |

## 學校沒教的談判潛規則

**中方人員應怎麼做，可使雙方均感受到方便呢？**

1. 美方談判組長與中方代表握手時順序不妥：這樣會有不敬之意——與對方握手時，應從對方主談人開始，從年長者開始，從職位高者開始

2. 握手不應發生爭握手現象：給對方感覺我方無秩序，素質不高，主談人缺乏威性——小組成員應在主談人完成握手環節後，再與對方握手，點頭或者以注意觀察對方的行為後再作配合式握手。

3. 在主談上前寫資料時，過於急步不妥：表現出不夠穩健、不夠自信，或做事魯莽，使己方陷入尷尬的局面，影響自己情緒，打亂了自己的思路，不利於談判。

# 14-3 顏色對談判的影響

**一、粉紅、鮮黃色、金、銀色等易產生談判負面效果**

哪些顏色不宜談判時穿著?專家建議,粉紅、鮮黃色、金、銀色、咖啡色等,出現在對立談判場合,都是容易產生負面效果的顏色。

從事時尚工作的黃薇表示,談判時沒有特別的顏色禁忌,她個人因為工作關係,從來不會只穿某種衣服,因此,她通常先清楚自己要面對的對象,再依時間、場合及對象,決定穿什麼衣服。不過黃薇強調,每種顏色都有正面和負面感覺,而且,同樣顏色,彩度不同,效果亦有別,例如:同樣是黃色,鮮黃色讓人振奮、鵝黃色則有溫暖感覺;綠色的薄荷綠有羅曼蒂克的感覺,蘋果綠則會產生挑戰、刺激感,墨綠色則顯得有智慧;在紅色家族中,酒紅色比大紅色好,因為大紅色在視覺上相當搶眼、具有侵略性,面試時即不宜穿大紅色。

至於粉紅色,相當具親和力,不像紅色具有威脅感,但粉紅色代表渴望別人照顧,因此,談判時,不能穿粉紅色套裝。黃色基本上是容易溝通的顏色,

圖片來源:作者自行拍攝

表14-2 不宜出現於談判場合的衣服顏色及意義

| 顏色 | 代表意義 |
|------|----------|
| 粉紅 | 柔和、渴望別人的愛和照顧 |
| 鮮黃色 | 振奮、刺激 |
| 大紅色 | 有活力、具侵略性 |
| 咖啡色 | 溫和 |
| 金色、銀色 | 注重名利、物質 |

但太強烈的鮮黃色，會使緊張氣氛更緊張，尤其在談判場合，著黃色套裝容易升高緊張氣氛。咖啡色適合和平、環保工作者，在權力談判場合也不宜，金銀色則會產生注重名利的感覺，因此，談判避免使用大的金銀飾品，另外，個性較弱者不宜在談判時穿著淺灰色。

　　有這樣的一個情境：美國某公司談判團隊赴中國大陸某公司談判，談判組長為一位 30 歲的年輕小夥。談判當天他身穿藍色襯衣、名牌黑色夾克衫外套，帶著談判團隊一行 5 人到中方會議室時，門口站著一位小姐及幾位中方公司的代表，由於是第一次到該公司，美方談判團長不認識對方人員，看到小姐在門邊第一個，於是就按離門遠近的秩序挨個與對方人員握手。其小組成員也急著與對方人員進行握手。由於門口人員相對較多，握手時產生了爭握手的現象，就這樣大家進了會議室……，當談判進入技術談判時，中方主談要求美方將一些資料寫到白板上，美方主談大步走到白板前，寫完後即回原位，不想腳下絆著投影儀電纜，差點摔倒。會議室一陣譁然。美方代表滿臉通紅，連說：「對不起」。在隨後的談判過程中，主談人很少講話。你認為上述談判過程美方代表存在什麼問題？會造成些什麼後果？請你給出建設性的意見。

# 不完美的談判：談判者的限制

談判者都希望在談判桌上有最好的收穫，實際發生的情況是談判者會受到很多心理因素，造成不理性、不完美的談判。

　　在 70 年代初，美蘇兩國領袖經過一天的會談之後，尼克森總統在他的聖克利門蒂（San Clemente）海濱住所的游泳池畔舉行了有 150 位好萊塢來賓參加的雞尾酒會。這是一個愜意愉快的私人晚宴。兩位領導人很早就各自休息去了。但到夜裡 10 點半鐘，尼克森剛上床時，布理茲涅夫突然要求舉行一次會談。在這次半夜會談中，布理茲日涅夫在中東問題上對尼克森進行了突擊性的提案，他堅持要求美國接受以阿拉伯條款為基礎的中東解決辦法。他堅持說，兩國領導人應就指導中東談判的一系列原則達成協議，哪怕是祕密協議也好。他還威脅說，如果達不成這樣一項協議，他將兩手空空地離開美國。他還暗示尼克森，如果不能作出令人滿意的安排，他就不能擔保戰爭不重新爆發。

　　尼克森不愧有多次同蘇聯領導人打交道的經驗，面對布理茲涅夫的突然襲擊，他冷靜鎮定，並坦城地闡明美國的立場：中東問題必須由以色列與阿拉伯國家去解決，兩個大國不能把某種解決辦法、某種指導原則強加到他們的頭上……

## 一、造成談判意外的因素

　　推而廣之，這種出乎意料的談判，在商業貿易中也屢見不鮮。許多談判者甚至認為使對方驚奇是保持壓力的一個好辦法。造成談判中的意外的有多方面的因素，如：

1. **意外的時間**。例如：截止的日期，縮短會期，速度的突然改變，驚人的耐心表現，徹夜的或者星期天的商談。
2. **意外的問題**。例如：提出新要求，新包裝，新讓步，高明的策略，改變談判地點，風險的改變以及爭論的深度。
3. **意外的行為**。例如：退出會談，休會、拖誘、放煙幕彈，不停地打岔，強硬的報復行為，或者情緒突然激動甚至於突然的辱罵、憤怒和人身攻擊。
4. **意外的資料**。例如：特別的規定，新的具有支持性的統計數字、極難回答的問題，別致的回答，傳遞消息的媒介物的改變。
5. **意外的權威**。例如：著名的專家顧問出場，高層人物的出現。

6. **意外的人物**。例如：買方或賣方的更換，新成員的加入，有人突然不見了，對方缺席或者遲到幾小時，愚笨的人出場等等。
7. **意外的地方**。例如：漂亮豪華的辦公室，沒有冷氣或暖氣的房間，令人不舒服的椅子，嘈雜的地方，有著許多人的大集會場所。

出其不意可以攻其不備。但是，它也可能會製造出不信任和恐懼的氣氛，甚至傷害對方的尊嚴，使對方陷入尷尬的處境。

如果別人對自己使用這一策略，最好的辦法是沉著冷靜，爭取時間讓自己多想一想，多聽，少説話，暫時休息。在沒有搞清事情的真相之前或者在還沒有作好充分的準備之前，你最好不要輕舉妄動。「以不變應萬變」、「以靜制動」是對付它的好辦法。

相對於賽局理論，或稱遊戲理論（game theory），以談判者為完全理性的基礎探討談判的運作過程與結果，以決策觀點（decision-making perspective）所探討談判，會更真實描述談判者真實發生的情境。決策觀點試圖瞭解談判者在談判中如何做決策，特別聚焦在決策者如何系統性地偏離了最大化，最適化的理性決策，而做出了非理性的決定。行為決策研究者假設談判者都要依理性做出決策，但他們的理性決策都受到限制。首先研究指出談判者做出不一致，不具效率的決定，是基於不相關資訊（irrelevant information）的干擾。因為人類很容易倚賴簡單化的策略，或直覺式的認知，當這些直覺式的認知通常造成有用的捷徑時，也同時導致可預測的錯誤。

## 二、雙邊談判中，談判者的傾向

研究指出，雙邊談判中談判者常有以下的傾向：

1. 談判中更多的讓步會帶給談判者更多正面的條件塑造，多過於負面的條件塑造。
2. 談判受到定錨作用（anchoring effect）不適當的影響。
3. 對於可能達成有利於自我的結果過於自信，過於樂觀。

同時談判者也傾向：

1. 錯誤假設此項談判是「固定的大餅」，進而
   失去了相互有利交易的機會。
2. 錯誤的假設談判參與者的偏好選擇是不相容
   的。
3. 即使理性的分析後改變策略，衝突依然會升
   高。
4. 用以對自己有利的方式加碼解釋面對的衝突情境。
5. 對對手所作出的讓步做出減值的回應。

所以談判決策研究的觀點指出，談判者的談判是受到社會環境的影響，談
判雙方的社會關係將影響到他們的談判過程與談判結果，此項關係會影響到談
判者更大的網路關係。大部分的談判者看自己，看這個世界，以及未來都比實
際的環境條件更為正向，這種思考就導向在談判環境上。

## 學校沒教的談判潛規則

### 談判中應要避免的事

不要為了談判而談判，地攤式地討價還價。不能財大氣粗，得勢不
饒人，傷害到別人的尊嚴。切忌鑽牛角尖。最後不可忽視的是，談判的
結果往往會造成未來的後遺症。總而言之以誠信的能度坦率溝通，是談
判的重要原則。贏得信賴，是榮譽，也是責任；雅納批評，是智慧，也
是勇氣。

Chapter **16**

# 如何處理談判僵局

所謂談判僵局是指在談判過程中，競爭性策略的使用導致雙方衝突升高，直到雙方發現競爭性策略不再發生效用；但是，雙方對於現況都無法繼續忍受，希望愈快將衝突解決愈好，只是雙方面又不願意單方面退讓，雙方都不肯作出任何讓步，從而使談判呈現出的一種僵持局面。能否突破談判僵局，就成為談判能否繼續進行下去的關鍵。這種局面是談判雙方都不願意面對的。因為僵局是一股巨大的壓力，許多談判者往往因為承受不了這種壓力而變得焦慮不安，常常章法大亂，以過大、過快地讓步，企圖排除這種壓力。而事實上讓步的一方往往招致損失，有違初衷。因此，在談判過程中，一方面要盡可能避免談判僵局的出現，另一方面一旦發現談判雙方已經處於談判僵局狀態，又要針對僵局的類型和起因採取相應的措施來打破僵局，以使談判能夠順利進行。因此，如何突破談判僵局是談判人員面臨的重要問題。

## 一、談判僵局產生的原因

　　要掌握突破談判僵局的方法技巧，首先就要認清談判僵局產生的原因，以便對症下藥。一般而言，出現談判僵局的原因有很多，歸納起來有兩個方面：一是人為因素。如，以前雙方談判人員接觸過，有些不愉快；一方過於防範，堅決不考慮讓步，另一方採取製造僵局的策略企圖迫使對方就範；在交談中，語言、禮節上有超出常規之處，引起心理上的牴觸情緒等。

　　二是利益上的原因。談判是一種在合作中利己、在利己中合作的經濟外交行為，談判中的每一個議題，甚至每個議題中的每個條款都與雙方的利益分割密切相關。在談判中客觀地存在著某種難以改變和協調的現實，使雙方觀點難以達到統一。這時，談判雙方如果沒有互讓精神，只注意到如何爭取自己的最大利益，都希望對方讓步而自己不讓步，都想說服對方接受自己的條件而不考慮自己被說服，慢慢地，不知不覺就會陷入僵局。整體情況，可歸納如下：

### 1. 談判形成一言堂或一方緘口沈默

　　經濟談判中除書面形式談判外，雙方都需要借助語言來傳遞信息，磋商議題，最終達成協議。然而，在談判中如果一方滔滔不絕，忽略了對方的陳述機會，對方必然會感到失望和不滿，從而形成潛在的僵局。與此恰恰相反的情況是，如果談判的一方在談判中沈默寡言，對對方所提的問題不置可否，這也容易形成談判冷場，出現談判僵局。因為這樣會給對方心理上造成某種壓力，引

起對方的種種猜疑。這兩種情況都違背了談判是雙向的信息溝通交流的宗旨。不給對方留有訊息反饋的機會或者對方不願作出訊息反饋，都無法使談判能繼續進行下去，因而也就必然會出現談判僵局。

## 2. 正常的反對意見

在談判過程中，談判對手為了維護自己的正當利益，提出自己的反對意見，當這些反對意見得不到解決時，對方便會利用製造僵局來迫使己方讓步。談判對手的正常反對意見都是客觀原因造成的，可能是由於雙方各自的利益要求不同產生的對立，如賣方認為索要的價格不高，而買方則認為賣方的索價太高；賣方認為自己的產品質量沒有問題，而買方則對產品質量不滿意，等等。也可能是客觀市場環境的變化造成的不能讓步，例如：由於市場價格的變化，使原定的談判讓步計畫無法實施，否則會蒙受重大損失，便會在談判中堅持條件，使談判陷入僵局。

## 3. 故意的反對意見

故意地提出反對意見是指談判者在談判過程中有意給對方出難題，擾亂視聽，甚至引起爭吵，迫使對方放棄自己的談判目標而像己方目標靠近。產生故意反對的原因可能是過去在談判中上過當、吃過虧，現在要給對方以報復；或者自己處在十分不利的地位上，通過給對方製造麻煩可以改變自己的談判地位，並認為即使改變不了不利地位也不會有什麼損失。例如：買方對賣方的產品質量進行挑剔，甚至想「從雞蛋裡挑出骨頭」，一方抓住另一方在談判中說的錯話而加以引申，使對方處於被動挨打的地位等等。在這種情況下，被反對的一方必然會起而反攻，從而使談判難以為繼。

## 4. 帶有偏見或成見

談判人員在談判中帶有偏見或成見是指由於情感或邏輯的原因而產生的對談判對方及談判議題的一些不正確的看法。由於產生偏見或成見的原因是對問題認識的片面性，即用以偏概全或先入為主的辦法對待人和事，因而很容易同對方產生分歧，引起談判僵局。例如：談判一方提出某設備的表面噴漆不應該是深綠色，而應該是淺綠色的，並喋喋不休地指責深綠色對人心理產生的影響等。對這類枝節問題過於苛求，就容易以偏概全，引起對方的強烈不滿，造成僵局，甚至使談判最終失敗。

## 5. 製造藉口推託

藉口是一種為了達到某種目度而做的託辭，藉口的出現往往背後隱藏著其他的動機和涵義。例如：「對不起，因單位裡出現某些問題要我速回，談判工作由某先生代替。」或「本公司的制度規定不允許提供詳細的價格資料，我無法滿足貴方的要求。」如此等等，表面上看起來是事實情況，而實際上是藉口推辭。這很容易引起對方的反應以致抗議，使談判陷入僵局。

## 6. 濫施壓力和圈套

在經濟談判中有些人憑藉自己的經濟實力或個人爭勝好強的性格，以及心理戰術的研究成果，向對方施展陰謀詭計，設置圈套，迷惑對方，以期達到平等條件下難以實現的談判目標。為了阻止其陰謀得逞，對方需要花費大量精力和時間破解圈套，有些談判代表可能會產生被捉弄感，一氣之下拒絕再談，從而形成僵局。

## 7. 把人和事混為一談

經濟談判中一個很重要的原則就是注意把對人和對事分開。然而在現實經濟談判中，一些談判者由於自身素質等原因難以做到這一點，往往在談判中不自覺地把對人與對事混在一起。比如，在談論某一議題時，出現意見分歧，某一方面可能就會說出「你根本就沒有聽懂我所說的意思」、「你在這方面幾乎是什麼都不知道」、「你們這樣顯然是缺乏誠意」等諸如此類的話語，這樣一來就偏離了談判的議題而轉向了人身攻擊。這種把人和事糾纏在一起，必然會使雙方不能就問題達成一致意見，而使談判陷入僵局。

## 二、避免僵局出現的原則

產生談判僵局的原因是多種多樣的，與此相對應，處理談判僵局的方法也是多種多樣的。這裡不可能介紹處理每種類型、每次僵局的具體方法，只能是提供一些基本處理原則和方法。首先適處理談判僵局的最有效途徑是將形成僵局的因素消滅在萌芽狀態。為此，應掌握以下原則：

## 1. 對反對意見持歡迎的態度

提出反對意見是談判中的正常現象，整個談判的過程就是雙方不同意見相互交鋒的過程。談判中的任何一方都應對反對意見持歡迎的態度，誠懇地對待

反對意見。只有在這樣的基礎上，談判才能順利地進行下去。

## 2. 對不合理的意見持冷靜的態度

在談判中會出現形形色色的反對意見，其中可能會有一些不合理的反對意見。在這種情況下，談判人員一定要謹慎從事，切不可感情用事來反駁對方的意見，否則的話，勢必會使以後的說服工作更加困難。

## 3. 言語要適中

言語要適中是指談判者與對方洽談業務時，既不多講，也不能太寡言。講得太多或太少，都是談判僵局的隱患。

## 4. 不再意見而爭吵

盡量避免雙方就某些議題出現爭吵或冷嘲熱諷，否則，即使一方意見獲勝也難以使對方「心悅誠服」，對立情緒不消除，仍無法達成最終協議。

## 三、突破談判僵局的方法

在談判遇到僵局的時候要想突破僵局，不僅要分析原因，而且還要想清楚分歧所在環節及其具體內容。在分清這些問題的基礎上，進一步估計目前談判所面臨的形勢，想辦法找出造成僵局的關鍵問題和關鍵人物，然後再認真分析在談判中受哪些因素的制約，並積極主動地做好有關疏通工作，最終形成突破僵局的策略和技巧，以便確定整體行動方案並予以實施，最終突破僵局。當對方製造了談判僵局以後，己方要想繼續談判下去，就必須設法打破僵局。一般來說，打破僵局的辦法也有很多，這裡介紹幾種常用的方法。

## 1. 暫時迴避分歧

談判形成僵持局面往往是局限於某些個別問題上，這時可以暫時撇開雙方爭執不下的議題，去談其他容易達成一致意見的問題。在轉談其他議題後，要盡量使對方感到滿意，努力創造一種合作的談判氛圍，然後再談以前陷入僵局的話題，這樣一來，在其他議題上達成的共識就會給以前爭執不下的問題的解決產生積極的影響，從而有利於打破僵持的局面，使談判維持下去。

## 2. 回顧歷史成果

當談判雙方就某一問題發生衝突，使談判難以為繼時，談判雙方都應冷靜

下來，回想以往的合作歷史，同時總結回顧談判以來所取得的談判成果，強調雙方之間的共同點，並且使雙方同時意識到，如果不能在爭執的問題上達成一致意見，那麼在此之前的種種努力，將前功盡棄。如此，雙方就會削弱自己的對立情緒，積極尋找協調辦法，化「干戈」為「玉帛」，突破僵局。

### 3. 採用換位思考的方式審視問題

　　所謂換位思考，即站在對方的立場和角度來看待問題。談判實踐證明，換位思考是談判雙方實現有效溝通的重要方式之一，這是打破僵局的好辦法。當談判陷入僵局時，如果己方能夠從對方的角度思考問題，或設法引導對方站到己方立場上來思考問題，就能夠多一些彼此之間的理解。這對消除誤解和分歧，找到更多的共同點，構成雙方都能接受的方案，有積極的推動作用。可以肯定地說，站在對方的角度來看問題是很有效的。因為這一方面可以使自己保持心平氣和，可以在談判中以通情達理的口吻表達己方的觀點；另一方面可以從對方的角度提出解決僵局的方案，這些方案有時確實是對方所忽視的，所以一經提出，就會使對方容易接受，從而使談判能夠順利進行下去。

### 4. 適當地妥協讓步

　　當談判陷入僵局時，做出適當的妥協讓步是打破僵局的直接辦法，即首先做出高姿態，在某些條件上作出適當讓步，然後要求對方讓步。當然，自己先讓步的條件是哪些非原則問題或對自己不是很關鍵的問題。由於妥協是談判中最具誠意的表示，因而在自己做出妥協後，對方也會做出一定的讓步，從而達成共識。否則的話就可以把不願合作、造成僵局的「罪名」加在對方的頭上，指出其缺乏合作的誠意。

### 5. 重新權衡利益

　　當雙方在同一問題上利益發生尖銳對立，並且各自理由充足，均已無法說服對方，又不能接受對方的條件，從而使談判陷入僵局時，可採用重新權衡利益的辦法來打破僵局。談判雙方之所以堅守原來的利益陣地，是因為它們認為能使對方單方面地妥協。而當出現僵持局面時，這個利益實際上已經不存在。如果雙方一味地堅守下去，將不會有任何利益。明智的辦法就是在作出讓步的情況下，重新權衡利益，找到雙方利益協調的平衡點，雙方都做出適當的讓步，從而突破談判的僵局，保證雙方利益的真正實現。

## 6. 擴展談判領域，尋找替代方案

當討價還價雙方坐在一起經過若干次討論之後，還可能會發現雙方之間似乎根本不存在達成協議的範圍，而且由於自己聲明的承諾使得最終找不出一條解決問題的辦法。這時，談判雙方可將爭執和分歧暫時擱置，擴展談判領域，使其包括更多更複雜的交易內容，這樣談判雙方可能在不同的談判議題上得到相對應的補償。那麼一項對雙方都有利的協議就有可能達成。例如：在價格問題上形成僵硬局，可以把這個問題暫時撇在一邊，先談交貨期、付款方式等相關問題，事情可能更好商量一些。

另外，特別是在商務談判中往往存在多種可以滿足雙方利益的方案，而談判人員經常簡單採取其中一種方案並固執地堅持而形成談判僵局。其實，當談判面臨較大分歧而可能形成僵局時，誰能創造性提出可供選擇方案，誰就能掌握主動。因此，談判人員不應將思維禁錮在所謂唯一的最佳方案上，而應在談判準備期間就構思出多個可能的備選方案，使談判一旦遇到障礙，就能及時調轉船頭，順利達到談判目的。

## 7. 改變談判環境

正規的談判場所，容易給人帶來一種嚴肅的氣氛。尤其是在談判雙方話不投機時，這樣的環境就更容易使人產生一種單調、壓抑、沈悶的感覺。在這種情況下，可以採用改變談判環境、進行場外調停的辦法來打破談判僵局。場外調停的具體辦法是在場外與對方進行非正式談判，多方面尋找解決問題的途徑。如請對方人員參加己方組織的參觀遊覽、運動娛樂、宴會舞會等活動。在這些活動過程中，雙方可以不拘形式地對某些僵持的問題進一步交換意見。在這樣輕鬆活潑的氣氛中談一些觀點對立的話題，雙方都會盡棄前嫌，能夠從良好的願望出發來考慮問題，因而容易取得合作的成功。

## 8. 更換談判人員和時間

由於每個人都注重自己的面子與尊嚴，談判一旦出現僵持，誰都不肯首先作出緩和或讓步，因此，有時即時更換談判人員是一個很體面的緩和式讓步技巧。需要指出的是，更換談判人員必須是在迫不得已的條件下使用，其次還要取得對方的同意。如果談判僵局是由於雙方情感上的嚴重對立而引起的，即對方既不同意你的觀點，也不能從心理上接受你，對方把你所持的態度不加分析地當成惡意的或惡毒的動機，顯然這種情況不能夠取得創造性解決問題的氣

氛。如果是由於你傷害對方的自尊心而引起的，對方很可能跟你敵對下去，沒完沒了，即使你搬出所有的邏輯、事實、觀點和證據都無濟於事。這時視情況需要可以考慮更換談判人員。這樣可以緩和談判氣氛，為進一步溝通創造條件，從而促使談判取得進展。另外，在談判一時無法進行下去時，可考慮暫時中止談判。在雙方決定退席之前，向對方重申一下己方所提的方案，使對方在冷靜下來之後有充分的時間去考慮。同時確定下次再繼續談判的時間。

### 9. 改變談判環境，利用場外交易

正式的談判環境，容易給人帶來一種嚴肅的感覺。特別是談判雙方各持己見、互不相讓甚至話不投機、橫眉冷對時，這樣的環境就更容易讓人產生一種壓抑的、沉悶的感覺。這時，談判的東道主一方可以組織雙方談判人員進行一些適當的娛樂活動，不知不覺改變談判環境，使雙方人員在不拘形式、融洽愉快的氣氛中就某僵持的問題繼續交換意見。同時，在這樣一種不拘形式的氣氛下，雙方也可大談一些共同感興趣的話題，如大到時事熱點，雙方公司制度，小到家庭，友人，孩子，這樣可以增進彼此的友誼，對問題的解決起到潤滑劑的作用。同時，利用場外交易也可使一些在會議桌上難以啟齒的想法、意見，通過私下交談得以溝通。當然，任何事物都是一分為二的。利用場外交易也具有一定的危險性，這種危險在於失去原則和分寸。談判對手可能將場外交易作為對付你的策略。他們可能熱情的招待你，說恭維你的話，或者給你看他收到的指示。這時許多人會喪失警惕，輕易相信可能是虛假的訊息，吐露商業祕密，或者在自尊心得到極大滿足後變得非常慷慨大方，從而最後輸得一塌糊塗。現實生活中這樣的事例屢見不鮮，應引以為戒。

### 10. 最後通牒

所謂最後通牒是指給對方規定最後期限，如果對方在這個期限內不接受我方的交易條件並達成協議，我方就宣布退出談判。當雙方在較長時期僵持不下，對方不願作出讓步而我方又不能再做出讓步時，我方可向對方發出最後通牒。運用這個辦法，一定要體現「最後的含義：一是從利益和態度的角度來看，最後關頭，雙方的態度也較明朗，合作的利益也較清楚，容易權衡作出讓步的利益犧牲與放棄整個交易的利益犧牲之間的輕重，雙方都易於做出決定。二是從對方的消耗來說，到最後階段已花費了大量的談判成本，為了珍惜這些人力、財力與時間，也許會做出最後讓步。因此，這一辦法要用在最後關頭，

選擇好運用的時點。

　　如果對方先採用這一辦法，則己方要做好兩種思想準備：一是應付假通牒。如果對方不想取消談判，那麼己方也不能讓步，並做出退談表示，以表明立場堅定。或者己方希望談判成功，可提出相互讓步。二是如果對方的通牒是真的，則己方就準備結束談判。

　　談判實務中，很多談判人員害怕僵局的出現，擔心由於僵局而導致談判暫停乃至最終破裂。其實大可不必如此，談判經驗告訴我們，這種暫停乃至破裂並不絕對是壞事。因為，談判暫停，可以使雙方都有機會重新審慎地回顧各自談判的出發點，既能維護各自的合理利益又注意挖掘雙方的共同利益。如果雙方都逐漸認識到彌補現存的差距是值得的，並願採取相應的措施，包括做出必要的進一步妥協，那麼這樣的談判結果也真實地符合談判原本的目的。即使出現了談判破裂，也可以避免非理性的合作，即不能同時給雙方都帶來利益上的滿足。有些談判似乎形成了一勝一負的結局。實際上失敗的一方往往會以各種各樣的方式來彌補自己的損失，甚至以各種隱蔽方式挖對方牆腳，結果導致雙方都得不償失。所以說，談判破裂並不總是以不歡而散而告終的。雙方透過談判即使沒有成交，但彼此之間加深了了解，增進了信任，也為日後的有效合作打下了良好的基礎，從這種意義看來，也並非壞事，倒可以說是在某種程度上是一件有意義的好事。

　　因此，僵局的出現並不可怕，更重要的是要正確地對待和認識它，並且能夠認真分析導致僵局的原因，以便對症下藥，打破僵局，使談判得以順利進行。

Chapter **17**

# 有效能的談判者應具備的基本素質與能力

不論個人或企業，需將談判視為管理的核心能力。

1. 具有動態本質的商業活動意味經理人必然在其職業生涯中須面對組織內 / 外的溝通談判。
2. 因為組織內 / 外相互倚賴增加意涵經理人必須與他人一起工作，整合利益。
3. 增進自我在商業世界的競爭力。
4. 增進在多元世界中必須的跨文化談判能力。

但很多研究顯示，大部分經理人談判都談的不好，約有 95% 的高階經理人在談判時「應該拿的確沒拿到」，造成雙輸或贏家的詛咒（winner's curse）的結果。

所以一個具競爭力，有效能的談判者，既能超越自我，也能超越環境的限制。談判的過程往往要經歷好幾回合，其間充滿進步與倒退，給予與拿取的反覆與交替。使談判的參與者在決策煎熬和掙扎中緩緩向前推進。談判者的文化素質，性格特點以及教育訓練也無一不局限了他的視野、魄力和信念。

## 一、較強的觀察和運用語言的能力

不要忽視人的因素。也就是說，有時候要兵對兵，將對將，有時候就單刀直入，令對方措手不及，是個不錯的方法。曉以大義，讓對方曉得你有一致的原則和邏輯。或偶爾不著痕跡地展現自己的實力，令對方留下深刻印象。如何有技巧地表現自己的優點；但也不必刻意隱瞞弱點。

## 二、建立與保護名聲

名譽就像雞蛋一樣，花很長時間去培養，但名譽脆弱、易碎，一旦破碎了再建立則很困難。名譽迅速傳遍天下，人們經常知道的，比你認為他們所知道的更多。談判者應該隨時警覺保護自我名譽，以正面的名聲開始談判，在你提出任何邀求前會給你很顯著的競爭優勢。不守信用和不誠實談判的名聲對談判者而言，比起那些誠信與公正待人的談判者，將會在未來談判中面臨更大的困難。試想以下兩種截然不同的名聲：「固執卻公平」相對於「固執又狡詐」。談判者對這些擁有不同名聲的對手會做出不同的談判準備。與固執卻公平的對手談判時，即使兩造正進行棘手的談判，可感覺到對方極力想達成其目標利

益，但同時也可察覺到她表現出來的是理性與公平的行為。與固執又狡詐的對手談判，則談判者必須搞清楚對方真正的意思是什麼，對其狡詐的詭計提高警覺，而且在分享資訊需要更加小心。

你被當成是何種談判者？你的名聲在他人心目中是如何？你想擁有何種名聲？想想看，那些你最尊敬的談判對手以及他們的名聲。他們表現出何種行為讓你所敬仰？同時也想想那些擁有壞名聲的談判者。是什麼原因令你改變對他們的印象？

與其將將名聲交給運氣，談判者可藉由持續與公平公正的態度，型塑並提升他們的名聲。維持一貫的態度可讓談判對手對你的行為是清楚可預期的，這可導致產生你穩固的聲譽。公平公正的態度所傳達的訊息是一個有原則和邏輯的談判者。厲害的談判者也會不時地對對手看自己的方式獲得對手的回饋，並用此資訊以強化自己在市場上的可信度和可靠度。

## 三、維持相對的心態

有關談判者感受與認知的研究是十分清楚的：人們傾向以自我的觀點來看待這個世界，並且以做一件理性的事情或是一個公平的結果或過程來認定自己所做的事是理性的，或有益自己的結果及過程是公平的。首先，談判者必須清楚己方與對方都有這種認定傾向。他們可以在事前做三件事來主動管理這種感受。首先，他們可質疑自己對公平的看法，然後以清晰的原則來建立基本概念。第二，可找一些外在的標準和範例，找出所謂公平的結果。最後，談判者可描繪出對方看待公平的定義，並將這種定義納入雙邊對話，可在公平的標準下達成共識。

另外，談判雙方時常會在談判進行中，共同定義所謂的是非公平原則做為談判過程的一部分。在大多數的情境中，任何一方均無法完全掌握對正確，理性或公平的關鍵。但理性的談判雙方可提出不同意，並且當談判者能達成相同，同意的觀點，定義某個事實，同意對某問題的看法，或決定甚麼是公平的結果與過程時，談判雙方通常可 到最重要的結果。準備好與對方談判這些原則，就跟準備談判議題一樣重要。

《向川普學談判》（*Trump Style Negotiation*）一書作者喬治·羅斯（George Ross）指出讓人無法拒絕的成交術包括：

1. 累積許多實戰經驗後，有時可以相信自己的直覺判斷。
2. 不要相信對方口中的「虛擬客戶」，他們只是透過競爭的方式勾起你的興趣。
3. 談判很少是一次性的，因此不需要每次談判都用盡全力。
4. 面對談判高手，最忌諱說太多，以免暴露自己的弱點。
5. 專業人士出席有助於製造對方壓力，但應確保同伴不會亂說話。

## 四、從你的經驗中持續有效學習

談判是終身學習的縮影。最好的談判者會不斷從經驗中學習——他們知道有很多不同的影響變數和細微差異，沒有任何一個談判是完全相同的。這些差異表示談判者必須維持敏銳度，他們必須不斷有效練習談判的藝術與科學。因為最好的談判者會花點時間來做會後分析，以便重新檢視談判過程以及他們所學到的東西。我們建議四個步驟的過程：

1. 在每次談判結束後，花點時間進行個人反省。
2. 定期參加談判訓練者或教練的「訓練課程」（例如：參加研討會或工作坊，閱讀新書，或請教具經驗的談判者去觀察或講解你的談判行為，或讓你觀察他們）。
3. 將優勢和劣勢寫在個人日記中，並做出計畫去改善缺點。
4. 如果你和相同的個人或團體有定期談判，記錄下談判的進行過程，記錄有關你的談判對手等等。

這種分析不需要大規模耗費時間心力。不過在每一次的重要談判結束後，都應該要分析，並且應該把焦點放在什麼和為什麼的問題上：談判中發生什麼事？為何發生？我學到了什麼？談判者花點時間停下來思考，反省談判中的表現，如此，就會發現他們的談判技巧能夠長足進步，且在未來談判中也能保持其敏銳和專注的程度。另外，即使是最好的運動員，幾乎是所有運動項目——在他們的隊職員中都會有一個或一個以上的教練，可是卻沒有在當在需要時，停止上課。談判者可藉由參與談判研討會、閱讀談判書籍，或找到能幫助談判技巧的教練，來提升自我的談判技巧。

羅竹茜譯，1994，實質利益談判法－跳脫立場之爭，臺北：遠流出版社。

樊景立、鄭伯壎，2000，華人組織的家長式領導：一項文化觀點的分析。本土心理學研究，13，127-180。

Adair, W. L., and Brett, J. M., 2004. Culture and negotiation processes. In M. J. Gelfand and J. M. Brett, eds. Handbook of Negotiation and Culture, Stanford, CA: Stanford University Press.

Allred, K. G. 1998. Anger-driven retaliation: Toward an understanding of impassioned conflict in organizations. In R. J. Bies, R. J. Lewicki, & B. H. Sheppard (Eds.), Research on negotiation in organizations (Vol. 7), 27-58.

Allred, K. G., Mallozzi, J. S., Matsui, F., & Raia, C. P. 1997. The influence of anger and compassion on negotiation performance. Organizational Behavior and Human Decision Processes, 70 (3), 175-87.

Alon, I., & Brett, J.M. 2007. Perceptions of time and their impact on negotiations in the Arabic-speaking Islamic world. Negotiation Journal, 23(1), 55-73.

Anderson, C., & Thompson, L.L. 2004. Affect from the top down: How powerful individual's positive affect shapes negotiations. Organizational Behavior and Human Decision Processes, 95(2), 125-139.

Axtell, R.E. 1990. Do's and taboos of hosting international visitors. New York: John Wiley & Sons.

Axtell, R.E. 1991. Gestures: The Do's and taboos of body language around the world. New York: John Wiley & Sons.

Axtell, R.E. 1993. Do's and taboos around the world, 3rd, ed. New York: John Wiley & Sons.

Baron, R. A. 1990. Environmentally induced positive affect: Its impact on self efficacy and task performance, negotiation and conflict. Journal of Applied Social Psychology, 20 (5), 368-84.

Barry, B. 1999. The tactical use of emotion in negotiation. In R.J. Bies, R.J. Lewicki, & B.H. Sheppard eds. Research on negotiation in Organizations (Vol. 7, pp. 93-121), Stamford, CT: JAI Press.

Barry, B., & Oliver, R. L. 1996. Affect in dyadic negotiation: A model and propositions. Organizational Behavior and Human Decision Processes, 67 (2), 127-43.

Barry, B., Fulmer, I. S., & van Kleef, G. A. 2004. I laughed, I cried, I settled: The role of emotion in negotiation. In M. Gelfand and J. Brett (Eds.), The handbook of negotiation and culture (pp. 71-94). Stanford, CA: Stanford University Press.

Bartos, O. J. 1974. Process and Outcome of Negotiation. New York: Columbia University Press.

Bazerman, M. H., Curhan, J. R., Moore, D. A., & Valley, K. L. 2000. Negotiation.

Annual Review of Psychology, 51(1), 279-314.

Beriker, N. 1995. "Mediating Regional Conflicts and Negotiating Flexibility: Peace Efforts in Bosnia-Herzegovina", Annual of the American Academy of Political and Social Science, 542, 185-201.

Berkowitz, L. 1989. The frustration-aggression hypothesis: An examination and reformulation. Psychological Bulletin, 106 (1), 59-73.

Bies, R. J., & Tripp, T. 1998. Revenge in organizations: The good, the bad and the ugly. In R. W. Griffin, A. O'Leary- Kelly, & J. Collins (Eds.), Dysfunctional behavior in organizations, Vol. 1: Violent behavior in organizations (pp. 49-68). Greenwich, CT: JAI Press.

Bless, H., Bohner, G., Schwarz, N., & Strack, F. 1988. Happy and mindless: Moods and the processing of persuasive communication. Unpublished manuscript, Mannheim, GR.

Brewer, M. B. 1988. A dual process model of impression formation. In T. K. Srull & R. S. Wyer eds., Advances in social cognition (Vol. 1, pp. 1-36). Hillsdale, NJ: Erlbaum.

Buelens, M., & Van Poucke, D. 2004. Determinants of a negotiator's initial opening offer. Journal of Business and Psychology, 19(1), 23-35.

Carnevale, P. J., & Isen, A, M. 1986. The influence of positive affect and visual access on the discovery of integrative solutions in bilateral negotiation. Organizational Behavior and Human Decision Process, 37(1),1-13.

Carver, C. S., & Scheir, M. E. 1990. Origins and foundations of positive and negative affect: A control process view. Psychological Review, 97 (1), 19-35.

Coleman, P.T., Kugler, K., Mitchinson, A., Chung C., & Musallam, N. 2010. The view from above and below: The effects of power and interdependence asymmetries on conflict dynamics and outcomes in organizations. Negotiation and conflict Management Research, 3(4), 283-311.

Coleman, P. T., & Ferguson R. 2015. Making Conflict Work: Harnessing the Power of Disagreement. Boston, MA: Houghton Mifflin Harcourt Publisher.

Curhan, J. R., Elfenbein, H. A., & Xu, H. 2006. What do people value when they negotiate? Mapping the domain of subjective value in negotiation. Journal of Personality and Social Psychology, 91 (3), 493-512

Daniels, J. D., Radebaugh, L. H., and Sullivan, D. P. 2002. Globalization and Business. Upper Saddle River, NJ: Pearson Education, Inc.

de Dreu, C.K.W., Giebels, E., & van de Vliert, E. 1998. Social motives and trust in integrative negotiation: The disputive effects of punitive capability. Journal of Applied Psychology, 83(3), 408-422.

de Dreu, C.K.W., & van Kleef, G.A. 2004. The influence of power on the information search, impression formation and demands in negotiation. Journal of Experimental Social Psychology, 40(3), 303-319.

DeRue, D. S., Conlon, D. E., Moon, H., & Willaby, H. W. 2009. When is straightforwardness a liability in negotiations? The role of integrative potential and structural power. Journal of Applied Psychology, 94 (4), 1032-47.

Drolet, A. L. & Morris, M. W. 1995. Communication media and interpersonal trust in conflicts: The role of rapport and synchrony of nonverbal behavior. Paper presented at Academy of Management Meetings, Vancouver, Canada.

Drolet, A. L., & Morris, M. W. 2000. Rapport in conflict resolution: Accounting for how face-to-face contact fosters cooperation on mutual beneficial settlements to mixed-motive conflicts. Journal of Experimental Social Psychology, 36 (1), 26-50.

Druckman, D., & Broome, B. 1991. Value difference and conflict resolution: Familiarity or liking? Journal of Conflict Resolution, 35 (4), 571–93.

Faure, G.-O., and Rubin, J. Z., eds. 1993. Culture and Negotiation. Thousand Oaks, CA: Sage.

Fiske, S. T., & Taylor, S. W. E. 1991. Social cognition. Reading, MA: Addison-Wesley.

Fisher, R., Ury, W., and Patton, B. 2011. Getting to Yes: Negotiating Agreement Without Giving In. (2nd ed.) Boston: Houghton Muffin.

Forgas, J. P. 1992. Affect in social judgments and decisions: A multiprocess model. Advances in Experimental Social Psychology, 25, 227–75.

Foster, J. L. 1992. Bargaining Across Borders. New York: McGraw-Hill.

Friedman, R., Anderson, C., Brett, J., Olekalns, M., Goates, N., & Lisco, C. C. 2004. The positive and negative effects of anger on dispute resolution: Evidence from electronically mediated disputes. Journal of Applied Psychology, 89 (2), 369-76.

Fulmer, I. S., Barry, B., & Long, D. A. 2009. Lying and smiling: Informational and emotional deception in negotiation. Journal of Business Ethics, 88 (4), 691-709.

Galinsky, A. D., Seiden, V. L., Kim, P. H., & Medvec, V. H. 2002. The dissatisfaction of having your first offer accepted: The role of counterfactual thinking in negotiations. Personality and Social Psychology Bulletin, 28 (2). 271-83.

Gibson, D. E., Schweitzer, M. E., Callister, R. R., & Gray. B. 2009. The influence of anger expressions on outcomes in organizations. Negotiation and Conflict Management Research, 2 (3), 236-62.

Gonzalez, R. M., Lerner, J. S., Moore, D. A., & Babcock. L. C. 2004. Mad, mean, and mistaken: The effects of anger on strategic social perception and behavior. Paper Presented at the annual meeting of the international Association for Conflict Management, Pittsburg.

Groysberg, B. 2014. The Seven Skills You Need to Thrive in the C-Suite. Harvard Business Review, March, 1-18.

Habeeb, W. M. 1988. Power and tactics in international negotiation. Baltimore, MD: Johns Hopkins University Press.

Halpert, J. A., Stuhlmacher, A. F., Crenshaw, J. L., Litcher, C. D., & Bortel, R. 2010. Paths to negotiation success. Negotiation and Conflict Management Research, 3 (2), 91-116.

Hegtvedt, K. A., & Killian, C. 1999. Fairness and emotions: Reactions to the process and outcomes of negotiations. Social Forces, 78 (1), 269-303.

Hendon, D. W., Roy, M. H., & Ahmed, Z. A. 2003. Negotiation concession patterns: A multi-country, multi-period study. American Business Review, 21 (1), 75-83.

Higgins, E. T. 1987. Self discrepancy theory: A theory relating self and affect. Psychological Review, 94 (3), 319-40.

Hine, M. J., Murphy, S. A., Weber, M., & Kersten, G. 2009. The role of emotion and language in dyadic e-negotiations. Group Decision and Negotiation, 18 (3), 193-211.

Hocker, J. L. & Wilmot, W.W. 1985. Interpersonal conflict, 2nd ed., Dubuque, IA: Wm.C. Brown.

Hofstede, G. 2001. Culture's Consequence: Comparing Values, Behaviors, Institutions, and Organizations Across Nations, 2nd ed. Thousand Oaks, CA: Sage Publications.

Hofstede, G. 1980. Culture's Consequences: International differences in work related values. Thousand Oaks, CA: Sage Publications.

Hollingshead, A.B. & Carnevale, P. J. 1990. Positive affect and decision frame in integrative bargaining: A reversal of the frame affect. Paper presented at 50th Annual Meeting of the Academy of Management, San Francisco.

Holmes, M. 1992. Phase structures in negotiation. In L.L. Putnam & M.E. Roloff eds. Communication and negotiation (pp. 83-105). Newbury Park, CA: Sage Publication.

House, R., Javidan M., Hanges, P. and Dorfman, P. 2004. Understanding Cultures and Implicit Leadership Theories Across the Globe: An Introduction to Project GLOBE. Journal of World Business, 37, 3-10.

Hüffmeier, J., Freund, P. A., Zerres, A., Backhaus, K., & Hertel, G. 2011. Being tough or being nice? A meta- analysis on the impact of hard- and softline strategies in distributive negotiations. Journal of Management, 0149206311423788, first published December 12, 2011, in Online First.

Ikle, F. C. 1964. How Nations Negotiate. New York: Harper Collins.

Isen, A. M., & Baron, R. A. 1991. Positive affect as a factor in organizational behavior. In B. M. Staw & L. L. Cummings (Eds.), Research in organizational behavior (Vol. 13, pp. 1-53). Greenwich, CT: JAI Press.

Janosik, R. 1987. Rethinking and Culture-Negotiation Link. Negotiation Journal, 3, 385-395.

Kennedy, G., Benson J., and McMillan J. 1987. Managing Negotiations, 3rd ed. London : Hutchinson Business.

Kopelman, S., Rosette, A. S., & Thompson, L. 2006. The three faces of Eve: An examination of strategic positive, negative, and neutral emotion in negotiations. Organiza- tional Behavior and Human Decision Processes, 99 (1), 81-101.

Kramer, R. M., Pommerenke, P., & Newton, E. 1993. The social context of negotiation effects of social identity and interpersonal accountability on negotiator decision making. Journal of Conflict Resolution 37 (4), 633-54.

Kumar, R. 1997. The role of affect in negotiations: An in- tegrative overview. The Journal of Applied Behavioral Science, 3 (1), 84-100.

Kwon, S., & Weingart, L. R. 2004. Unilateral concessions from the other party: Concession behavior, attributions and negotiation judgments. Journal of Applied Psychology, 89 (2), 263-78.

Lax, D. A., and Sebenius, J. K. 1986. The Manager as Negotiator: Bargaining for Cooperation and Competitive Gain. New York: Free Press.

Lee, D. Y., & Dawes, P. L. 2005. Guanxi, trust, and long-term orientation in Chinese business markets. Journal of International Marketing, 13(2), 28-56.

Lelieveld, G. –J., van Dijk, E. van Beest, I., & van Kleef, G.A. 2012. Why anger and disappointment affect other's bargaining behavior differently: The moderating role of power and the mediating role of reciprocal and complimentary emotions. Personality and Social Psychology Bulletin, 38(9), 1209-1221.

Lewicki, R., M. Saunders and B. Barry. 2015。Negotiation, 7th ed. New York: McGraw-Hill

Linda L. Putnam and Michael E. Roloff eds. 1992. Communication and Negotiation. Newbury Park, CA: Sage.

Magee, J.C., Galinsky, A.D., & Gruenfeld, D. 2007. Power, propensity to negotiate, and moving first in competitive interactions. Personality and Social Psychology Bulletin, 33(2), 200-212.

Malhotra, D.K., & Bazerman, M.H. 2007. Negotiation genius: How to overcome obstacles and achieve brilliant results at the bargaining table and beyond. Boston: Harvard Business School Press.

Mayer, J. D., Salovey, P., & Caruso, D. 2000. Emotional intelligence. In R. Sternberg (Ed.), Handbook of intelligence (pp. 396-420). Cambridge: Cambridge University Press.

Nierenberg, G. F. 1973. Fundamentals of Negotiation. New York: Hawthorn.

Mayfield, M. Mayfield, J., Martin, D., & Herbig, P. 1997. Time perspectives of the cross-cultural negotiations process. American Business Review, 15(1), 78-85.

Mead, M. 1951. Cultural Patterns and Technical Change. Paris: UNESCO.

New Encyclopedia Britannica. 1990. Chicago: Encyclopedia Britannica, 1990.

Nierenberg, G. 1973. Fundamentals of Negotiating. New York: Hawthorn Books.

Novemsky, N., & Schweitzer, M. E. 2004. What makes negotiators happy? The differential effects of internal and external social comparisons on negotiator satisfaction. Organization Behavior and Human Decision Processes, 95 (2), 186-97.

O' Connor, K. M., & Arnold, J. A. 2001. Distributive spirals: Negotiation impasses and the moderating role of disputant self efficacy. Organizational Behavior and Human Decision Processes, 84 (1), 148-76.

Olekalns, M., Lau, F., & Smith, P. L. 2007. Resolving the empty core: Trust as a determinant of outcomes in three- party negotiation. Group Decision and

Negotiation, 16 (6), 527-38.

Olekalns, M., Smith, P. L., & Walsh, T. 1996. The process of negotiating: Strategy and timing as predictors of outcomes. Organizational Behavior and Human Decision Processes, 68 (1), 68-77.

Overbeck, J. R., Neale, M. A., & Govan, C. L. 2010. I feel, therefore you act: Intrapersonal and interpersonal effects of emotion on negotiation as a function of social power. Organizational Behavior and Human Decision Processes, 112 (2), 126–39.

Parrott, W. 1994. Beyond hedonism: Motives for inhibiting good moods and for maintaining bad moods. In D. M. Wegner & J. W. Pennebaker (Eds.), Handbook of mental control (pp. 278-305). Englewood Cliffs, NJ: Prentice Hall.

Parrott, W. G. 2001. Emotions in social psychology: Volume overview. In W. G. Parrott (Ed.), Emotions in social psychology (pp. 1-19). Philadelphia: Psychology Press.

Pruitt, D. G., and Carnevale, P. J. D. 1993. Negotiation in Social Conflict. Pacific Grove, CA: Brooks/Cole.

Pruitt, D. G. & Rubin, J. Z. 1986. Social conflict: Escalation, stalemate, and settlement. New York: Random House.

Rapoport, A., Erev, I., & Zwick, R. 1995. An experimental study of buyer-seller negotiation with one-sided incomplete information and time discounting. Management Science, 41 (3), 377-94.

Reb, J. 2010. The influence of past negotiations on negotiation counterpart preferences. Group Decision and Negotiation, 19 (5), 457-77.

Rubin, J. Z., & Brown, B. R. 1975. The social psychology of bargaining and negotiation. New York: Academic Press.

Saunders, H.H. 1985. The Other Walls: The Politics of the Arab-Israeli Peace Process. Washington, D.C.: American Enterprise Institute for Public Policy Research.

Schein, E H. 1985. Organizational Culture and Leadership: A Dynamic View. San Francisco: Jossey-Bass.

Schroth, H. A., Bain-Chekal, J., & Caldwell, D. F. 2005. Sticks and stones may break bones and words can hurt me: Words and phrases that trigger emotions in negotiations and their effects. International Journal of Conflict Management, 16 (2), 102-27.

Sinaceur, M., & Tiedens, L. Z. 2006. Get mad and get more than even: When and why anger expression is effective in negotiations. Journal of Experimental Social Psychology, 42 (3), 314-22.

Sinaceur, M., van Kleef, G. A., Neale, M. A., Adam, H., & Haag, C. 2011. Hot or cold: Is communicating anger or threats more effective in negotiation? Journal of Applied Psychology, 96 (5), 1018-32.

Sproull, L., Subramani, M., Kiesler, S., Walker, J., & Waters, K. 1996. When the interface is a face. Human-Computer Interaction, 11, 97-124.

Spector, B. I. 1978. "Negotiation as a Psychological Process." In I. W. Zartman, ed. The Negotiation Process: Theories and Applications. Thousand Oaks, CA: Sage.

Stein, J. 1996. The art of real estate negotiations. Real Estate Review, 25, 48-53.

Stein, J. G., ed. 1989. Getting to the Table. Baltimore, MD: Johns Hopkins University Press.

Thompson, L., & DeHarpport, T. 1994. Social judgment, feedback, and interpersonal learning in negotiation Organizational Behavior and Human Decision Processes, 58 (3), 327–45.

Thompson, L., Nadler, J., & Kim, P. H. 1999. Some like it hot: The case for the emotional negotiator. In L. L. Thompson, J. M. Levine, & D. M. Messick (Eds.), Shared cognition in organizations: The management of knowledge (pp. 139-61). Mahwah, NJ: Lawrence Erlbaum Associates.

Thompson, L., & Nadler, J. 2002. Negotiation via information technology: Theory and application. Journal of Social Issues, 58(1), 109-124.

Trompenaars, F., and Hampden-Turner, C. 1998. Riding the Waves of Culture: Understanding Cultural Diversity in Global Business, 2nd ed. New York: McGraw-Hill/Irwin.

Tylor, E. 1871. Origins of Culture. New York: Harper & Row.

Valley, K. L., Moag, J., & Bazerman, M. H. 1998. A matter of trust: Effects of communication on the efficiency and distribution of outcomes. Journal of Economic Behavior & Organization, 34(2), 211-238.

Van de Vliert, E. 1985. Escalative intervention in small group conflicts. The Journal of Applied Behavioral Science, 21 (1), 19-36.

Van Dijk, E., van Kleef, G. A., Steinel, W., & van Beest, I. 2008. A social functional approach to emotions in bar- gaining: When communicating anger pays and when it backfires. Journal of Personality and Social Psychology. 94 (4), 600-14.

Van Kleef, G. A., & Côté, S. 2007. Expressing anger in conflict: When it helps and when it hurts. Journal of Applied Psychology, 92 (6), 1557-69.

Van Kleef, G.A., & de Dreu, C.K.W. 2010. Longer term consequences of anger expression in negotiation: Retaliation or spillover? Journal of Experimental Social Psychology, 46(5), 753-760.

Van Kleef, G. A., de Dreu, C. K. W., & Manstead, A. S. R. 2004. The interpersonal effects of anger and happiness in negotiations. Journal of Personality and Social Psychology, 86 (1), 57-76.

Van Kleef, G. A., de Dreu, C. K. W., & Manstead, A. S. R. 2006. Supplication and appeasement in conflict and negotiation: The interpersonal effects of disappointment, worry, guilt, and regret. Journal of Personality and Social Psychology 91 (1), 124-42.

Veitch, R., & Griffith, W. 1976. Good news-bad news: Affective and interpersonal effects. Journal of Applied Social Psychology, 6 (1), 69-75.

Walton, R. E., & McKersie, R. B. 1965. A Behavioral Theory of Labor Negotiations: An Analysis of a Social Interaction System. New York: McGraw-Hill.

Wang, L., Northcraft, G. B., & van Kleef, G. A. 2012. Beyond negotiated outcomes: The hidden costs of anger expression in dyadic negotiation. Organizational Behavior & Human Decision Processes, 119 (1), 54-63.

Watkins, M. 2002. Breakthrough business negotiation. San Francisco: Jossey-Bass.

Wichman, H. 1970. Effects of isolation and communication on cooperation in a two-person game. Journal of Personality and Social Psychology, 16(1), 114-120.

Wheeler, M. 2004. Anxious moments: Openings in negotiation. Negotiation Journal, 20 (2), 153-69.

Yama, E. 2004. Buying hardball, playing price. Business Horizons, 47 (5), 62-66.

Yukl, G. 1974. Effects of the opponent's initial offer, concession magnitude and concession frequency on bargaining behavior. Journal of Personality and Social Psychology 30 (3), 323-35.

Zartman, I. W. 1977. Negotiation as a joint decision making process. In I. Zartman ed., The negotiation process: Theories and applications (pp. 67-86). Beverly Hills, CA: Sage Publication

Zartman, I. W. 1985. Negotiating from Asymmetry. Negotiation Journal, 2, 121-138.

Zartman, I. W., & Berman, M. 1982. The Practical Negotiator. New Haven, CT: Yale University Press.

Zhu, Y., McKenna, B., & Sin, Z. 2007. Negotiating with Chinese. Success of initial meetings is the key. Cross Cultural Management: An International Journal, 14(4), 354-364.

# 五南圖書商管財經系列

## 生活規劃

早一步準備，自學理財好輕鬆！
面對畢業後的生活，該如何規劃？如何應對？

**1FW3**
理財規劃不求人
定價：350元

**1FTP**
圖解個人與家庭
理財
定價：350元

**1FTL**
個人理財與投資
規劃
定價：380元

**1FR8**
生涯理財規劃
定價：450元

**3M39**
看緊荷包·
節稅高手
定價：250元

**3M86**
小資族存錢術：看漫
畫搞懂，90天養成計
劃，3步驟擺脫月光族
定價：280元

## 休閒中的財經書籍

**3M54**
看電影·學管理
定價：320元

**3M76**
看電影學行銷
定價：380元

**RM14**
諾貝爾經濟學家的故事
定價：590元

**491B**
Bridge橋代誌：
不動產買賣成交
故事
定價：280元

**RM02**
巷子口經濟學
定價：280元

**RM16**
消費心理好好玩：為什麼
要藍色的鞋子，卻買了紅色
100 petites experiences en psycholo
consommateur
定價：260元

**五南文化事業機構**
WU-NAN CULTURE ENTERPRISE
地址：106 臺北市和平東路二段 339 號 4 樓
電話：02-27055066 轉 824、889 業務助理 林小姐

五南財經異想世界

# 五南圖書商管財經系列

## 職場先修班 給即將畢業的你，做好出社會前的萬全準備！

**3M51 面試學**
定價：280元

**3M70 薪水算什麼？
機會才重要！**
定價：250元

**3M55
系統思考與問題
解決**
定價：250元

**3M57
超實用財經常識**
定價：200元

**3M56
生活達人精算術**
定價：180元

**491A
破除低薪魔咒：
職場新鮮人必知的
50個祕密**
定價：220元

## 職場必修班 職場上位大作戰！ 強化能力永遠不嫌晚！

**3M47
祕書力：主管的
全能幫手就是你**
定價：350元

**3M71
真想立刻去上班：
悠遊職場16式**
定價：280元

**1O11
國際禮儀與海外
見聞**（附光碟）
定價：480元

**3M68
圖解會計學精華**
定價：350元

**3M84
圖解小資老闆集客
行銷術：不必花大
錢也能做好行銷**
定價：400元

**1F0B
創新思考與企劃撰
寫：理論與應用**
定價：400元

 **五南文化事業機構**
WU-NAN CULTURE ENTERPRISE
地址：106 臺北市和平東路二段 339 號 4 樓
電話：02-27055066 轉 824、889 業務助理 林小姐

 五南財經異想世界

# 五南圖解財經商管系列

圖解 成本與管理會計
書號：1G92
定價：380元

圖解 會計學 IFRS
書號：1G89
定價：350元

圖解 經濟學
書號：1MCT
定價：350元

圖解 財務報表分析
書號：1G91
定價：320元

圖解 創業管理
書號：1F0F
定價：280元

圖解 管理學
書號：1FRK
定價：360元

圖解 行銷學
書號：1FRH
定價：360元

圖解 定價管理
書號：1FW5
定價：300元

圖解 物流管理
書號：1FS3
定價：350元

圖解 投資管理
書號：1FTH
定價：380元

圖解 生產計劃與管理
書號：1FW7
定價：380元

圖解 組織行為學
書號：1FSC
定價：350元

圖解 通路管理
書號：1FW6
定價：380元

圖解 人力資源管理
書號：1FRM
定價：320元

圖解 財務管理
書號：1FRP
定價：350元

圖解 策略管理
書號：1FRN
定價：380元

圖解 領導學
書號：1FRQ
定價：380元

圖解 企業危機管理
書號：1FS5
定價：270元

圖解 整合行銷傳播
書號：1FTG
定價：380元

圖解 金融行銷
書號：1MD2
定價：350元

圖解 顧客滿意經營學
書號：1FS9
定價：320元

圖解 作業研究
書號：1FRG
定價：350元

圖解 企劃案撰寫
書號：1FRZ
定價：320元

圖解 網路行銷
書號：1FSB
定價：360元

圖解 企業管理（MBA學）
書號：1FRY
定價：350元

圖解 顧客關係管理
書號：1FW1
定價：380元

圖解 品牌行銷與管理
書號：1FSA
定價：350元

圖解 供應鏈管理
書號：1FTR
定價：350元

圖解 保險學
書號：1N61
定價：350元

五南文化事業機構
WU-NAN CULTURE ENTERPRISE

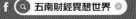
f 五南財經異想世界

國家圖書館出版品預行編目資料

超圖解談判學／鍾從定著．　初版．　臺
北市：五南圖書出版股份有限公司, 2021.06
　面；　公分
ISBN 978-986-522-545-2 (平裝)
1.談判 2.談判策略
177.4　　　　　　　　　　110003046

1FWF

# 超圖解談判學

| | |
|---|---|
| 作　　　者 | 鍾從定 |
| 發 行 人 | 楊榮川 |
| 總 經 理 | 楊士清 |
| 總 編 輯 | 楊秀麗 |
| 主　　　編 | 侯家嵐 |
| 責 任 編 輯 | 鄭乃甄 |
| 文 字 校 對 | 許宸瑞 |
| 封 面 完 稿 | 王麗娟 |
| 內 文 排 版 | 張淑貞 |

出　版　者 — 五南圖書出版股份有限公司

地　　　址：106臺北市大安區和平東路二段339號

電　　　話：(02)2705-5066　傳　　真：(02)2706-6

網　　　址：https://www.wunan.com.tw

電 子 郵 件：wunan@wunan.com.tw

劃 撥 帳 號：01068953

戶　　　名：五南圖書出版股份有限公司

法 律 顧 問　林勝安律師事務所　林勝安律師

出 版 日 期　2021年6月初版一刷

定　　　價　新臺幣280元

# 經典永恆・名著常在

## 五十週年的獻禮 —— 經典名著文庫

五南，五十年了，半個世紀，人生旅程的一大半，走過來了。

思索著，邁向百年的未來歷程，能為知識界、文化學術界作些什麼？

在速食文化的生態下，有什麼值得讓人雋永品味的？

歷代經典・當今名著，經過時間的洗禮，千錘百鍊，流傳至今，光芒耀人；

不僅使我們能領悟前人的智慧，同時也增深加廣我們思考的深度與視野。

我們決心投入巨資，有計畫的系統梳選，成立「經典名著文庫」，

希望收入古今中外思想性的、充滿睿智與獨見的經典、名著。

這是一項理想性的、永續性的巨大出版工程。

不在意讀者的眾寡，只考慮它的學術價值，力求完整展現先哲思想的軌跡；

為知識界開啟一片智慧之窗，營造一座百花綻放的世界文明公園，

任君遨遊、取菁吸蜜、嘉惠學子！